I0148303

TABLES ALPHABETIQUES,

OU

METHODE POUR FAIRE APPRENDRE AUX ENFANS le ſens de ce qu'on lit, tant en Latin qu'en François, en même temps qu'on leur apprend à lire.

A PARIS,
Chez JEAN BOUDOT Imprimeur ordinaire du Roy & de l'Academie Royale des Sciences, ruë Saint Jacques, au Soleil d'or.

M. DCCIV.

AVEC PRIVILEGE DE SA MAJESTE'.

INSTRUCTION SUR L'USAGE DES TABLES ALPHABETIQUES.

COMME ces Tables sont nouvelles, & qu'elles ont quelque chose de singulier, l'on ne peut se dispenser d'en expliquer le dessein à ceux qui n'en ont pas entendu parler. Le dessein est donc de faciliter une certaine methode, qui consiste *à ne rien dire, ni faire lire aux enfans, sans leur en donner en même temps l'intelligence, en quelque Langue & en quelque matiere que ce soit.*

Cette Methode parut il y à quelques années dans une petite Brochûre qui se vend au Palais chez Claude Prudhomme sous ce titre : *Réflexion sur la maniere d'instruire les petits enfans.*

Ce petit Livre contient des experiences & des raisons, qui démontrent sensiblement l'excellence & la facilité de la Methode proposée. Il entre même dans quelque détail, & il insinue, que pour rendre cette Methode aisée à pratiquer, il ne faut pas se servir du premier Livre qui se presente ; mais qu'il faut faire choix de ceux, qui sont les plus proportionnez à la portée des enfans, & ne prendre même de ces Livres choisis, que ce qu'il y a de tres-facile.

Enfin pour épargner aux Maîtres, qui goûteroient cette Methode, la peine de faire ce choix de Livres, on leur conseilloit l'usage de ceux qui ont été faits exprés pour les Ecoles du Dioceze de Mirepoix, en attendant que l'on eût occasion de donner ici quelque chose de plus regulier.

L'occasion s'en est presentée depuis, & plusieurs personnes ayant demandé avec empressement les secours, que l'on s'étoit comme engagé de donner, l'on a aussi-tôt travaillé à dresser ces Tables beaucoup plus faciles & mieux ordonnées que n'étoient les ébauches, qui s'en sont faites pour les Ecoles de Mirepoix.

Elles ne ſont que pour les enfans, & proportionnées, autant qu'il a eſté poſſible, aux diſpoſitions de leur eſprit, naturellement curieux & leger.

Ils deſirent ſçavoir, mais ils ne ſont pas capables d'une longue attention ſur une même choſe ; il faut qu'ils changent d'objet, & qu'ils heurtent, pour ainſi dire, à pluſieurs portes. Souvent un ſeul mot, qui leur rappellera l'idée d'une choſe, ou d'une action connuë, leur fait plaiſir : ils s'en contentent, & paſſent à autre choſe.

C'eſt pourquoi entre ces Tables il y en a, qui n'ont que des noms de choſes connuës, ou aiſées à connoître ; & d'autres qui n'ont que des verbes d'actions communes & ſenſibles.

Les mots détachez ſont aiſez à comprendre & à définir ; mais ils donnent beaucoup plus de plaiſir, quand ils ſont liez enſemble pour former un ſens ; pourvû qu'il n'y en ait pas trop. Auſſi aprés ces liſtes de noms & de verbes, l'on trouvera quantité de petits diſcours propres à exercer les enfans.

Il ſeroit à deſirer que ces diſcours fuſſent plus enjoüez ; mais tels qu'ils ſont, ils pourront preſque tous devenir utiles ; & il y en a pluſieurs, qui donneront occaſion aux Maîtres de dire des choſes agreables, s'ils veulent se donner la peine de faire causer leurs petits Disciples.

Ainsi à l'occasion de cette parole, *surge atque ambula*, qui paroît assez sterile, l'on pourroit dire à un Ecolier : ne voudriez vous pas bien que je vous disse tout de bon ; *surge atque ambula* ? Vous ne seriez pas fâché de vous promener un peu. Vous aimeriez mieux cela que d'être enfermé ici à étudier . . . . . .

Et ce boiteux que vous voyez quelquefois à la porte de l'Eglise, qui a les jambes seches, & qui marche avec des potences : qu'il seroit aise, si quelque habile Medecin, en lui donnant tout d'un coup la force de marcher, lui disoit : Jettez là vos bequilles, levez-vous & marchez. L'enfant n'écouteroit pas indifferemment une telle supposition, il répondroit quelque chose.

Hé-bien, ajoûteroit-on ; c'est ce que fit un jour Saint Pierre. Puis commencer d'un stile & d'un ton familier & presque puerile . . . . *Quelques jours aprés que le Saint Esprit fut descendu sur les Apôtres à la Pentecôte, Saint Pierre & Saint Jean alloient au Temple pour assister aux prieres de None.* . . . . .

Ces petits détours rendent les Leçons moins desagreables, & conséquemment menent plus vîte au but, que l'on se propose. Les enfans aiment qu'on leur parle, & souvent ce qui leur déplairoit dans une Leçon, leur donne du plaisir, quand il est dit de vive voix. La peine de lire & d'assembler une infinité de sons pour former diverses paroles, les empêche d'en comprendre le sens, & de prendre plaisir à ce qu'ils lisent. Evitez donc de les fatiguer par de longues lectures; mais en récompense parlez-leur beaucoup, dites-leur le sens de ce que vous leur faites lire, définissez les mots qu'ils n'entendent point, c'est-à-dire, presque tous les mots; mais moins par des définitions exactes, que par des descriptions & des exemples, autant qu'ils peuvent en être capables, & selon leur manieres pueriles. Si c'est un nom de dignité ou de profession, apprenez-leur ce que c'est. *Un Medecin*, par exemple, *c'est un homme, qui a soin des malades, qui les va voir, qui leur donne des remedes, & qui tache de les guerir; comme Monsieur tel que vous connoissez* . . . . Si c'est un nom de Païs, de Ville, de Riviere . . . . placez-les à peu prés dans l'endroit du monde où ces lieux sont à nôtre égard, à l'Orient, à l'Occident . . . . Si c'est une personne; *est-il Payen, ou Juif, ou Chrétien? où, & quand vivoit-il?* tout de même si c'est un fait; *est-ce devant ou aprés Jesus-Christ? en Europe ou en Asie?* . . .

Aprés avoir ainsi expliqué les mots de vôtre Leçon, reprenez-la tout de nouveau, & pour voir s'ils en comprennent bien le sens, faites-leur diverses questions;

car il pourroit arriver, qu'ils sçauroient la signification de chaque mot en parti- culier, sans entendre le tout ensemble; & cela parce qu'ils n'en comprennent pas la liaison, & qu'ils n'aperçoivent pas le rapport des mots relatifs, tels que sont les pronoms, & les conjonctions; ainsi ayant à faire lire ces paroles: *Dieu le Createur & le souverain Seigneur de toutes choses est tout-puissant, il a fait le monde de rien par sa seule parole, nous devons l'adorer, & nous soûmettre entierement à lui, parce que nous dépendons de lui en tout*; vous pourriez leur demander premierement la signification de ces mots, *Createur*, *Seigneur*, *Souverain*, *Tout-puissant*, *Monde*, *adorer*, *se soûmettre*, *dépendre*. Aprés-quoi, pour leur en faire comprendre les raports vous leur feriez à peu prés ces questions: *Que dit-on de Dieu dans ces paroles? qui est-ce qui est tout-puissant? qu'est-ce que Dieu a fait? comment l'a-t-il fait? dequoi l'a-t-il fait? qui devons nous adorer? pourquoi nous devons-nous soumettre à Dieu? pour- quoi dépendons-nous de Dieu? en quoi en dépendons-nous?*

Aprés toutes ces questions faites relire la Leçon, ou plûtôt, relisez-la vous-même de vôtre mieux, avec toutes les poses & les inflexions de voix necessaires pour la faire entendre. Ce sera comme un défi pour les enfans, qui ne manqueront pas de s'empresser de lire de même, & il s'en trouvera, qui ne seront pas long-temps sans égaler leur Maître.

En un mot le secret de cette Methode, s'il y en a quelqu'un, c'est de lire peu, mais bien, & avec intelligence. Cette pratique a eu jusqu'ici un grand succez, sans autre secours que celui des Livres ordinaires ; mais il y a lieu d'en esperer un beaucoup plus grand par le moyen de ces Tables, où tout est proportionné à la portée des plus petits.

Si l'on y a suivi quelque ordre de Grammaire, ce n'est pas pour donner lieu aux Maîtres de l'expliquer aux enfans, qui ne sont pas encore capables des abstractions qu'il faudroit faire pour la comprendre : mais seulement pour la leur rendre comme sensible par la pratique, & les exercer dans ce qu'il y a de plus facile, & qui a du rapport à nôtre langue.

Ainsi sans attendre qu'un enfant sçache lire, l'on peut en badinant lui apprendre de vive voix quelque chose de la conjugaison tant Françoise que Latine. Vous lui parlerez de ce qu'il aime, de joüer par exemple, de courir, de sauter, de déjeûner, de goûter. Choisissez quelqu'un des temps de ces verbes, faites-en comme une petite Chanson, & dites en cadence, *je sauterai, tu sauteras, il sautera*, & le reste. Défiez-le ensuite d'en dire autant ; il hesitera peut-être d'abord ;

mais comme il y prendra plaiſir, il ne ſe rebutera point, & fera tant qu'il en viendra à bout, & qu'il vous priera de lui faire dire de petites Chanſons; grace que vous lui accorderez volontiers pour récompenſe de ce qu'il aura lû ſa Leçon. Gardez-vous bien ſur tout de parler de temps ou de mœufs: ce babil grammatical gâteroit tout.

La conjugaiſon des temps Latins ne lui donnera pas plus de peine que celle des temps François, peut-être même qu'elle lui en donnera moins; parce qu'il ſe pourroit faire qu'il ſeroit plus frappé par les terminaiſons des perſonnes Latines, qui ſont plus harmonieuſes, & plus ſemblables l'une à l'autre, que les perſonnes Françoiſes. Lors que dans la ſuite il aura acquis quelque uſage de conjuguer toutes les perſonnes d'un même temps dans les deux Langues ſeparément, on lui fera comprendre aiſément le rapport de l'une à l'autre, en lui diſant, par exemple, qu'un mot Latin fini par *t* ou par *tur* ſe traduit en François par *il*; *amat il aime*, *amatur* il eſt aimé; qu'un mot en *mus* ou en *mur* ſe traduit par *nous*; *amamus nous aimons*, *amamur nous ſommes aimez*, & ainſi du reſte, qui s'apprendra plûtôt par experience que par un détail ennuyeux.

Au reſte, ſi en parlant aux petits enfans l'on doit éviter les termes de Grammaire, il n'eſt pas défendu de s'en ſervir quand l'on parle à ceux, qui ſont un peu plus avancez en âge, & en jugement.

Ces Tables n'y ſont point oppoſées : car quoique ce ne ſoit ici qu'un eſſai pour accoûtumer inſenſiblement les enfans à connoître les noms & les verbes, & que l'on ny enſeigne pas exactement les regles de la Conjuguaiſon ou de la Declinaiſon ; ſi neanmoins on veut prendre la peine de faire faire aux Ecoliers quelques obſervations ſur la difference des terminaiſons, & ſur la formation des temps & des perſonnes, il ſera aiſé de ſuppléer ce qui manque ici.

De l'ordre de ces Tables.

Voici quel eſt l'ordre que l'on a gardé dans l'arrangement de ces Tables. Elles ſe peuvent diviſer en deux parties, dont la premiere ſervira ſimplement à apprendre à lire, & à prononcer : & la ſeconde, ſervira à s'exercer dans la lecture, & diſpoſera à l'intelligence de ce qu'on lit.

La premiere Table ne contient que l'Alphabet, mais en diverſes manieres, afin de donner occaſion à diverſes remarques ſur le nombre, le nom, & l'ordre des lettres, sur leur figure & leur valeur, & enfin sur leur distinction en voyelles & en consonnes.

Retranchement du K.

La lettre K étant la même que le C, & ne se trouvant que dans des mots étrangers au François & au Latin, elle pourroit être supprimée de l'Alphabet. Neanmoins, comme l'usage l'a autorisée, & qu'elle est de quelque utilité dans les nombres, on l'a conservée dans le premier Alphabet de 23. lettres, qui sera la premiere Leçon; mais elle sera retranchée dans les suivans, où seront ajoûtées deux autres lettres, sçavoir *J* & *V*; *J* immediattement aprés *I*; & *V* immediatement aprés *U*.

Du J *&* *du* V.

Autrefois en latin ces deux nouvelles consonnes étoient les mêmes, que les deux voyelles *I* & *U*: mais puisque dans la suite on les a distinguées dans la prononciation*, & que maintenant on les distingue par la figure, quel inconvenient y a-t-il de les distinguer aussi de nom, à l'imitation des Allemans, de qui apparemment nous les avons reçûës? En effet, le *Jod* qui est une consonne, n'est point la voyelle *I*, ni la consonne *Vau* n'est point la voyelle *U*.

Pourquoi quatre Alphabets en quatre colomnes chacun de cinq lignes ?

C'eſt afin que les enfans s'accoûtument à toutes ſortes de caracteres, Romain & Italique, gros & menu ; & que les voyans vis-à-vis l'un de l'autre, il leur ſoit plus aiſé d'en faire la comparaiſon.

Or de ce que l'on a mis ces Alphabets en cinq lignes, c'eſt afin de diminuer la peine de l'apprendre, & de le diſtribuer comme en cinq Leçons, dont chacune commence par une des cinq voyelles, & que l'on pourra dire en cadence comme en chantant.

a, bé, cé, dé.
e, effe, gé, ache.
i, jod, elle, emme, enne.
o, pé, quu, erre, eſſe, té.
u, vau, xi, y grec, zedde.

Ce qui ſuit immediatement eſt un Alphabet où les lettres ſont doublées, afin de les mieux inculquer, & d'y faire faire plus d'attention.

L'on a mis tout de ſuite les lettres de la figure approchante, afin d'en faire remarquer plus commodément la difference.

X, *prononcer* xi *plûtôt que* ix.

La plûpart des enfans ont de la peine à bien prononcer la lettre *X*, quand elle est à la fin du mot; ainsi en prononçant les mots *pax*, *rex*, *nix*, *nox*, ils disent *pasc*, *resc*, *nisc*, *nosc*; mettant l'*s* avant le *c* au lieu de la mettre aprés, & de dire, pacs, recs, nics, nocs; dans quelques Provinces on la prononce comme un *ts*; *ditsit* pour *dixit*.

L'on remedieroit à cet inconvenient en leur faisant nommer cette lettre, comme font les Grecs, & dire *xi* au lieu de *ix*. La raison est qu'ils n'ont peine à la prononcer que quand elle est à la fin du mot. Or elle n'y seroit pas en disant *xi*.

Il n'est pas necessaire de tant expliquer aux enfans la division des lettres en voyelles & en consonnes. Il leur suffira de sçavoir, que les voyelles sont les principales, & que sans elles les consonnes ne forment aucuns sons.

L'on peut aussi se passer de la double division des consonnes en mutes, en liquides, & en doubles : en labiales, dentales & gutturales; mais il sera tres-utile de faire remarquer les lettres dont la valeur est approchante, rien ne contribuëra tant à acquerir la juste prononciation de chaque lettre, & à découvrir les analogies, lors que l'on sera obligé d'étudier les Langues.

Comme je ne dis ici, que ce que l'on ne devineroit pas facilement, je n'entre point dans le détail des remarques communes, que chacun peut faire de soi-même, en jettant seulement la vûë sur un ordre de consonnes qui est au commencement de la seconde Table, où les consonnes sont rangées selon les rapports qu'elles ont entre elles.

Dans les Alphabets ordinaires il n'y a que cinq sortes de syllabes composées des cinq voyelles simples *a e i o u*, parce qu'il n'y a guere que ces sortes de syllabes, dans la langue Latine, d'où nous sont venus les Alphabets; mais, comme en François il y a quantité d'autres syllables composées de diphthongues, ou doubles voyelles; & que ces Tables sont faites pour apprendre à lire non seulement en Latin, mais aussi en François: l'on a augmenté le nombre des syllables de plus de la moitié, en y ajoutant six sortes de syllabes, composées des six diphthongues *ai ei oi au eu ou*, elles sont en caractere Italiques, afin que ceux qui ne voudroient pas commencer par le François, voyant d'un coup d'œil, que tout ce qui est en Italique dans ces syllabes, est propre & particulier à la Langue Françoise, ils ne faſſent attention qu'aux ſyllables, qui ſont en caractere Romain ; leſquelles ſont communes aux deux Langues, & propres en particulier à la Langue Latine ; & qu'ils reſervent l'étude des ſyllabes à diphthongues juſqu'à l'entrée à la lecture Françoiſe.

Au reſte l'avis que j'aurois à donner ici touchant ces diphthongues, c'eſt de bien exercer les enfans à les prononcer, & de les accoûtumer, s'il eſt poſſible, à ne regarder que comme une ſeule & ſimple voyelle les deux voyelles de la diphthongue : parce que le ſon de chacune des deux y étant confondu en un ſeul ſon tout different de celui qu'elles ont étant ſéparées, ſi l'enfant prononce les deux voyelles ſéparément, il ſera neceſſairement porté à en faire deux ſyllabes d'une prononciation toute differente de celle de la diphthongue.

Pour ce qui eſt de l'arrangement des ſyllabes, ce n'eſt point par nouveauté qu'on l'a preferé à celui qui a été en uſage juſqu'à preſent. Il n'eſt point indifferent qu'une même conſonne ſoit repetée avec chacune des voyelles, & des diphthongues à l'ordinaire, en diſant *ba be bi bo bu* : ou qu'une même voyelle, ou une même diphthongue ſoit jointe à chacune des conſonnes l'une aprés l'autre, un *a* par exemple avec toutes les consonnes, en disant *ba ca da fa ga*, &c.

L'experience fera connoître que l'arrangement que l'on a suivi ici est tres-propre pour apprendre aux enfans à prononcer facilement toutes les consonnes jointes à leur voyelles, qui est le but de ces syllabes.

Il n'en est pas de même de l'ancien arrangement, qui est toûjours suivi de la routine. La raison est que dès qu'un enfant sçait nommer de suite les cinq voyelles, il ne manque jamais de continuer machinalement les quatre dernieres, si-tôt qu'on lui a commencé la premiere avec quelque consonne que ce soit, ou *ba*, ou *pa*, ou *ga*, ou *ca*, &c.

La difficulté est de commencer. Or cette difficulté étant toûjours dans la consonne, & non dans la voyelle, il est évident, que l'ordre que l'on a suivi dans ces Tables est plus propre que l'ancien à la fin que l'on se propose, qui est de prononcer facilement les consonnes jointes à des voyelles, ou à des diphthongues. Au reste il sera aisé de trouver ici l'arrangement ordinaire en lisant les syllabes de haut en bas.

L'on a commencé ces syllabes par celles, où la voyelle précede la consonne, parce que les enfans ont plus de facilité à prononcer dabord la voyelle, & à y joindre ensuite le son de la consonne, qu'ils n'en ont à commencer par la consonne. De plus c'est pour leur faire mieux sentir la veritable valeur des consonnes, & sur tout celle de C. & de G qui sont toûjours dures aprés la voyelle: au lieu que ces deux consonnes sont molles avant e & i.

De la meilleuremaniere d'épeller.

C'est ici le lieu de dire quelque chose en faveur d'une maniere d'épeller aisée & sûre, & qui par consequent facilite extremement la lecture.

Pour la comprendre, il faut se souvenir de la difference qu'il y a entre les voyelles & les consonnes, dont les syllabes sont composées. Les voyelles sont des lettres, qui sonnent par elles-mêmes. Les consonnes au contraire ne sonnent que lorsqu'elles sont jointes à des voyelles. Le nom & le son des voyelles sont semblables; c'est-à-dire qu'un *a*, par exemple se prononce comme il se nomme; mais il n'en est pas de même des consonnes; leur nom est tres-different de leur son. Le nom des consonnes est un mot entier composée de plusieurs lettres. Ainsi les

les consonnes *B P D T C G* s'expriment par ces mots, *bé pé dé té cé gé*, & celles-ci *f l m n r ſ h* s'expriment par ces mots de deux syllabes, *eſſe elle emme enne erre eſſe hache.* de ſorte qu'en nommant les conſonnes, l'on s'écarte neceſſairement de leur veritable prononciation, puiſque l'on y ajoûte le ſon de pluſieurs autres lettres.

Si donc en aſſemblant les ſyllabes l'on fait nommer les conſonnes avec les voyelles, comment eſt-il poſſible qu'un enfant ayant l'oreille, & l'imagination frappée de pluſieurs ſons tout-à-fait oppoſez à l'unique ſon d'une ſyllabe, qu'il cherche, comment, dis-je, parviendra-t-il à la prononciation de ſa ſyllabe ? quel rapport, par exemple, y a-t-il entre la prononciation de ce mot, *ils ſont*, & celle de tous les noms des lettres dont il eſt compoſé ? *I l s - ſ o n t*, *I elle eſſe*, *eſſe o enne té* : onze ſyllabes pour deux, quatre ſyllabes en *e* pour une ſeule en *i*, cinq autres pour une ſeule en *o* : aprés un détour ſi long & ſi oppoſé, comment revenir au but ? Que l'on prenne quel mot l'on voudra, l'on y trouvera de pareilles difficultez, & de plus grandes encore, s'il eſt compoſé d'un plus grand nombre de conſonnes ; ſur tout ſi elles ſont muettes, comme il arrive ſi ſouvent en François.

Combien de fois n'éprouve-t-on pas, que les petits Ecoliers en épelant disent *bl bel*, comme s'il y avoit un *e* : *br ber*, *cr cer*, *gl gel*, *tr ter*, y étant determinez par le nom de la seconde consonne, qui commence par un *e* ; & qu'en épellant *homo*, ils disent *hache o cho*, ou encore pis, y étant comme emportez par le nom de l'*h*, qui est *hache* ?

Pour remedier à ces inconveniens connus de tout le monde, voici comme je m'y prens. Si je veux faire épeller ces paroles : *Dixit Dominus Domino meo* ; je ne fais point dire comme on fait d'ordinaire : *dé, i ; di : ix, i, té ; xit : dixit. dé, o ; do : emme, i ; mi ; domi : enne, u, esse ; nus : Dominus.* Mais aprés lui avoir enseigné selon sa maniere de concevoir la difference des voyelles & des consonnes, & que les consonnes se doivent joindre aux voyelles, je l'accoûtume à distinguer les syllabes en cette maniere : *dé i, xi i té. dé o, emme i, enne u esse.* &c. Remarquez une virgule à la fin de chaque syllabe, & un point à la fin de chaque mot. C'est que je lui fais distinguer la fin de la syllabe par une petite pose, en baissant la voix, & la fin du mot par une plus grande pose.

Aprés cet exercice qui ne dure que quelques jours, je commence à lui faire prononcer les syllabes sans nommer les consonnes : en quoi l'on peut réüssir avec certains enfans en un ſeul jour. Je leur dis, par exemple, un *b* ne fait pas *bé*, un *c* ne fait pas *cé*, & en même temps je leur montre la juſte prononciation de chaque conſonne, ſans y joindre aucune voyelle, pas même un *e* muet. Je leur fait remarquer les diverſes diſpoſitions des organes de la parole, afin qu'ils faſſent de même : & comme ce petit jeu leur plaît, ils le ſçavent bien-tôt, & ſe piquent même de l'enſeigner aux autres. Aprés cela il eſt bien aiſé de leur faire prononcer les ſyllabes ſans nommer les conſonnes, & ſi dans les commencemens l'Ecolier heſite un peu, il ne faut que faire ſeulement ſemblant de le prevenir en commençant la conſonne, afin de lui donner le plaiſir & l'honneur d'achever lui ſeul.

Si l'on ſe récrioit ſur la nouveauté & la ſingularité de cette methode, il ſeroit bien aiſé d'en montrer l'antiquité & l'univerſalité par des raiſons preſque demonſtratives, & de faire voir que la methode, qui eſt en uſage preſentement ne s'eſt introduite que par negligence, comme il arrive en bien des choſes.

* L'on ne doit pas s'étonner que ces Tables ne contiennent que des exemples de regles ſous-entenduës. Comme l'on ne travaille ici que pour les enfans, on leur a épargné l'embaras des regles écrites, ſuppoſant avec raiſon, que les Maî-

tres ſuffiſamment avertis par les titres, qui precedent les exemples, ſçauront y ſuppléer chacun en leur maniere. Il n'y a qu'une choſe à laquelle ils pourroient ne pas faire attention : c'eſt de faire prononcer le Latin ſelon les accens. On les a marquez exprés ſur les mots de plus de deux ſyllabes, & on les ſous-entend ſur toutes les premieres des mots de deux ſyllabes.

Ordre de la ſeconde Partie.

Pour ce qui eſt de la ſeconde partie de ces Tables, voici l'ordre que l'on y a gardé.

La premiere eſt une liſte de ſubſtantifs, pour apprendre la difference des deux ſexes, & des deux genres, qui y répondent.

Elle eſt ſuivie d'une autre liſte, où l'on void la difference du ſingulier & du plurier.

Celle d'aprés contient les deux verbes auxiliaires conjuguez par leurs temps ſimples, avec un autre verbe pour ſervir d'exemple.

La quatriéme eſt une conjugaiſon par les premieres perſonnes de chaque temps rangées à la maniere ordinaire.

Dans la cinquiéme l'on compare l'actif avec le passif, afin d'en remarquer la difference. Là finit la conjugaison Françoise, qui est absolument necessaire pour la bonne Orthographe.

La Table VI. est une Introduction à l'Arithmetique. Comme les termes en sont communs, aussi-bien que les caracteres, dont l'on se sert pour les abreger; les enfans ne sçauroient les apprendre trop tôt, & l'on doit tâcher de leur épargner la honte d'hesiter à tout moment, quand ils seront plus avancez.

Les noms de nombre sont suivis d'un Alphabet de substantifs de choses sensibles & communes.

L'on trouve ensuite un Alphabet d'adjectifs joints à trois substantifs de divers genres, pour en faire remarquer, & la variation, & la diverse construction, selon la diversité des genres des substantifs, ausquels on les joint.

L'on a ajoûté au bout de cette Table plusieurs adjectifs avec leurs degrez de comparaison.

La neuviéme Table contient un autre Alphabet de substantifs joints à divers adjectifs, afin d'en faire connoître le genre; n'y ayant point de meilleure marque pour connoître le genre d'un ſubſtantif, que le genre de l'adjectif, qui lui eſt uni. Il y en a de toutes ſortes.

Dans les deux Tables ſuivantes l'on donne les déclinaiſons de toutes ſortes de noms ; ſans marquer le nom des cas, parce que ce ſont des épines qu'il faut ôter du chemin.

L'arrangement des differentes terminaiſons qui font les differens cas, n'eſt pas tout-à-fait conforme à celui des Grammaires ordinaires. Quand il y a pluſieurs cas ſemblables, l'on n'en met qu'une fois la terminaiſon, parce qu'il ſeroit aſſez inutile de la repeter deux ou trois fois. Il ſuffira d'avertir ceux, qui en ſeront capables, que la même terminaiſon a pluſieurs uſages, & qu'elle vaut pluſieurs cas.

Lorſqu'il arrive qu'en de certains noms; les cas, qui ont coûtume d'être ſemblables, deviennent diſſemblables, on ne laiſſe pas de les mettre de ſuite. C'eſt pourquoi l'accuſatif ſe trouve immediatement aprés le nominatif ou le vocatif, & que le datif & l'ablatif ſont les deux derniers.

Il y a encore une autre raiſon de mettre l'accuſatif au ſecond rang, c'eſt que dans le diſcours il eſt le plus neceſſaire aprés le nominatif.

Aprés les noms viennent toutes sortes de temps de verbes actifs, conjuguez par toutes leurs personnes arrangées de maniere qu'on puisse sans peine en comparer les terminaisons.

La Table qui suit donne des actifs & des passifs joints l'un à l'autre, afin d'en faire remarquer plus aisément la difference.

L'on pourra remarquer dans la Table quatorziéme la difference des quatre conjugaisons, tant à l'actif qu'au passif. L'on y a mis cinq verbes conjuguez selon l'ordre des temps, & des mœufs, par les premieres personnes seulement; afin de donner lieu aux enfans d'y ajoûter d'eux-mêmes celles qui y manquent.

Il y a deux de ces verbes qui sont de la troisiéme conjugaison, dont l'un est en *o*, & l'autre en *io*; en quoi ce dernier ressemble aux verbes de la quatriéme, ce qui est à remarquer.

Cette Table est suivie de verbes irreguliers, aprés lesquels il y aura plusieurs Listes de verbes avec leurs preterits & supins : afin que les enfans s'y accoûtument en apprenant à lire.

Si l'on trouve que tant de Listes de mots détachez fassent perdre le temps aux enfans, il sera fort aisé de passer d'abord aux petits discours des Tables suivantes.

Les uns ſerviront à faire connoître, ou plûtôt à faire ſentir l'uſage & la difference des temps & des mœufs.

D'autres feront voir l'uſage de la déclinaiſon & de la diverſité des cas.

Il y en aura ſeparément pour les pronoms, & pour les conjonctions

Enfin tout l'ouvrage ſera terminé par une maniere de Dialogue composé de diverſes ſortes d'interrogations, & de réponſes ; où ſeront employées des negations de toutes ſortes.

Lorſque les enfans auront acquis quelque uſage de lire & d'expliquer ces Tables, il ne faut pas douter qu'ils n'entrent aiſément dans la lecture & l'intelligence des Hiſtoires, qui ne ſeront pas plus difficiles que celles de l'Ecriture ſainte. Et ſi l'on en a vû pluſieurs d'un eſprit mediocre, qui ſans le ſecours de ces Tables y ſont entrez tres-aiſément, en ne leur laiſſant rien paſſer ſans le leur faire entendre ; il y a lieu d'eſperer qu'ils y entreront encore plus aiſément avec ces ſecours & ces préparations, & qu'enfin la Methode propoſée ne paroîtra plus impraticable, qu'à ceux qui ne veulent pas voir la lumiere.

TABLES

TABLES ALPHABETIQUES,

OU

METHODE pour faire apprendre aux Enfans le ſens de ce qu'on lit, tant en Latin qu'en François, en même temps qu'on leur apprend à lire.

PREMIERE TABLE.

A B C D E F G H I K L M N O P Q R S T U X Y Z

a b c d e f g h i k l m n o p q r ſ t u x y z

ROMAIN.		*ITALIQUE.*	
A B C D	a b c d	*A B C D*	*a b c d*
E F G H	e f g h	*E F G H*	*e f g h*
I J L M N	i j l m n	*I J L M N*	*i j l m n*
O P Q R S T	o p q r ſ t	*O P Q R S T*	*o p q r ſ t*
U V X Y Z.	u v x y z.	*U V X Y Z.*	*u v x y z.*

aa bb cc dd ee ff gg hh ii jj ll mm nn oo pp qq
rr ſſ tt uu vv xx yy zz.
aaa eee iii ooo uuu.
ae ea eo cc ec ce ji ij vu uv un nu nn mm nm nu
mu rt tr rt tr ſf fſ il li lh bh hb.

bd db bd bb dd qp pq.
pq qp pq pp qq db bq.
Cinq Voyelles, a e i o u, *ſans conter* y *qui ſe prononce comme* i.
Conſonnes, b c d f g j l m n p q r ſ t v x z.
*L'*h *n'eſt ni Voyelle ni Conſonne, mais une ſimple aſpiration.*
Dyphthongues ou doubles Voyelles, ai ei oi au eu ou æ *ou* ę *&* œ.

SECONDE TABLE.

m b p v f ph
n d t th
j g c qu ch
l r · rh
ſ z x

bl pl fl gl cl

br pr fr vr gr cr dr tr

ct gn pſ ſc ſcr ſp ſpl ſpr ſt ſtr

a e i o u y æ œ ai ei oi au eu ou

aë oë aï eï oï aü eü oü

	b	p	d	t	g	c	f	l	r	s	x	m	n	ns	nt
a	ab	ap	ad	at	ag	ac	af	al	ar	as	ax	am	an	ans	ant
e	eb	ep	ed	et	eg	ec	ef	el	er	es	ex	em	en	ens	ent
i	ib	ip	id	it	ig	ic	if	il	ir	is	ix	im	in	ins	int
o	ob	op	od	ot	og	oc	of	ol	or	os	ox	om	on	ons	ont
u	ub	up	ud	ut	ug	uc	uf	ul	ur	us	ux	um	un	uns	unt

	a	e	i	o	u	*ai*	*ei*	*oi*	*au*	*eu*	*ou*
r	ar	er	ir	or	ur	*air*	*eir*	*oir*	*aur*	*eur*	*our*
s	as	es	is	os	us	*ais*	*eis*	*ois*	*aus*	*eus*	*ous*
t	at	et	it	ot	ut	*ait*	*eit*	*oit*	*aut*	*eut*	*out*
rs	ars	ers	irs	ors	urs	*airs*	*eirs*	*oirs*	*aurs*	*eurs*	*ours*
f	af	ef	if	of	uf	*aif*	*eif*	*oif*	*auf*	*euf*	*ouf*
m	am	em	im	om	um	*aim*	*eim*	*oim*			
n	an	en	in	on	un	*ain*	*ein*	*oin*			
z	az	ez									

TROISIE'ME TABLE.

	h	l	r	m	b	p	v	f	n	d	t	j	g	c	ſ	z	x
a	ha	la	ra	ma	ba	pa	va	fa	na	da	ta	ja	ga	ca	ſa	za	xa
e	he	le	re	me	be	pe	ve	fe	ne	de	te	je	ge	ce	ſe	ze	xe
i	hi	li	ri	mi	bi	pi	vi	fi	ni	di	ti	ji	gi	ci	ſi	zi	xi
o	ho	lo	ro	mo	bo	po	vo	fo	no	do	to	jo	go	co	ſo	zo	xo
u	hu	lu	ru	mu	bu	pu	vu	fu	nu	du	tu	ju	gu	cu	ſu	zu	xu
ai	*hai*	*lai*	*rai*	*mai*	*bai*	*pai*	*vai*	*fai*	*nai*	*dai*	*tai*	*jai*	*gai*	*cai*	*ſai*	*zai*	*xai*
ei	*hei*	*lei*	*rei*	*mei*	*bei*	*pei*	*vei*	*fei*	*nei*	*dei*	*tei*	*jei*	*gei*	*cei*	*ſei*	*zei*	*xei*
oi	*hoi*	*loi*	*roi*	*moi*	*boi*	*poi*	*voi*	*foi*	*noi*	*doi*	*toi*	*joi*	*goi*	*coi*	*ſoi*	*zoi*	*xoi*
au	*hau*	*lau*	*rau*	*mau*	*bau*	*pau*	*vau*	*fau*	*nau*	*dau*	*tau*	*jau*	*gau*	*cau*	*ſau*	*zau*	*xau*
eu	*heu*	*leu*	*reu*	*meu*	*beu*	*peu*	*veu*	*feu*	*neu*	*deu*	*teu*	*jeu*	*geu*	*ceu*	*ſeu*	*zeu*	*xeu*
ou	*hou*	*lou*	*rou*	*mou*	*bou*	*pou*	*vou*	*fou*	*nou*	*dou*	*tou*	*jou*	*gou*	*cou*	*ſou*	*zou*	*xou*

QVATRIE'ME TABLE.

	a	e	i	o	u	*ai*	*ei*	*oi*	*au*	*eu*	*ou*
j	ja	je	ji	jo	ju	*jai*	*jei*	*joi*	*jau*	*jeu*	*jou*
g	—	ge	gi	—	—	—	*gei*	—	—	*geu*	—
g	ga	—	—	go	gu	*gai*	—	*goi*	*gau*	—	*gou*
ſ	ſa	ſe	ſi	ſo	ſu	*ſai*	*ſei*	*ſoi*	*ſau*	*ſeu*	*ſou*
c	—	ce	ci	—	—	—	*cei*	—	—	*ceu*	—
c	ca	—	—	co	cu	*cai*	—	*coi*	*cau*	—	*cou*
g	ga	*gue*	*gui*	go	gu	*gai*	*guei*	*goi*	*gau*	*gueu*	*gou*
c	ca	*cue*	*cui*	co	cu	*cai*	*cuei*	*coi*	*cau*	*cueu*	*cou*
g	*gea*	ge	gi	*geo*	*geu*	*geai*	*gei*	*geoi*	*geau*	*geu*	*geou*
ç	*ça*	ce	ci	*ço*	*çu*	*çai*	*cei*	*çoi*	*çau*	*ceu*	*çou*
ſ	ſa	ſe	ſi	ſo	ſu	*ſai*	*ſei*	*ſoi*	*ſau*	*ſeu*	*ſou*

CINQVIE'ME TABLE.

	bl	pl	fl	gl	cl	br	pr	fr	vr	gr	cr	dr	tr
a	bla	pla	fla	gla	cla	bra	pra	fra	vra	gra	cra	dra	tra
e	ble	ple	fle	gle	cle	bre	pre	fre	vre	gre	cre	dre	tre
i	bli	pli	fli	gli	cli	bri	pri	fri	vri	gri	cri	dri	tri
o	blo	plo	flo	glo	clo	bro	pro	fro	vro	gro	cro	dro	tro
u	blu	plu	flu	glu	clu	bru	pru	fru	vru	gru	cru	dru	tru
ai	*blai*	*plai*	*flai*	*glai*	*clai*	*brai*	*prai*	*frai*	*vrai*	*grai*	*crai*	*drai*	*trai*
ei	*blei*	*plei*	*flei*	*glei*	*clei*	*brei*	*prei*	*frei*	*vrei*	*grei*	*crei*	*drei*	*trei*
oi	*bloi*	*ploi*	*floi*	*gloi*	*cloi*	*broi*	*proi*	*froi*	*vroi*	*groi*	*croi*	*droi*	*troi*
au	*blau*	*plau*	*flau*	*glau*	*clau*	*brau*	*prau*	*frau*	*vrau*	*grau*	*crau*	*drau*	*trau*
eu	*bleu*	*pleu*	*fleu*	*gleu*	*cleu*	*breu*	*preu*	*freu*	*vreu*	*greu*	*creu*	*dreu*	*treu*
ou	*blou*	*plou*	*flou*	*glou*	*clou*	*brou*	*prou*	*frou*	*vrou*	*grou*	*crou*	*drou*	*trou*

SIXIE'ME TABLE.

	gn	ct	pſ	ſc	ſcr	ſp	ſpl	ſpr	ſt	ſtr
a	gna	cta	pſa	ſca	ſcra	ſpa	ſpla	ſpra	ſta	ſtra
e	gne	cte	pſe	ſce	ſcre	ſpe	ſple	ſpre	ſte	ſtre
i	gni	cti	pſi	ſci	ſcri	ſpi	ſpli	ſpri	ſti	ſtri
o	gno	cto	pſo	ſco	ſcro	ſpo	ſplo	ſpro	ſto	ſtro
u	gnu	ctu	pſu	ſcu	ſcru	ſpu	ſplu	ſpru	ſtu	ſtru

	a	e	i	o	u	y
ph	pha	phe	phi	pho	phu	phy
ch	cha	che	chi	cho	chu	chy
th	tha	the	thi	tho	thu	thy
rh	rha	rhe	rhi	rho	rhu	rhy
chr	chra	chre	chri	chro	chru	chry

	a	e	i	o	u	*ai*	*ei*	*oi*	*au*	*eu*	*ou*
j	ja	je	ji	jo	ju	*jai*	*jei*	*joi*	*jau*	*jeu*	*jou*
ch	*cha*	*che*	*chi*	*cho*	*chu*	*chai*	*chei*	*choi*	*chau*	*cheu*	*chou*
gn	*gna*	*gne*	*gni*	*gno*	*gnu*	*gnai*	*gnei*	*gnoi*	*gnau*	*gneu*	*gnou*
il	*ail*	*eil*	*il*	*oil*	*uil*					*euil*	*ouil*

SEPTIÈME TABLE.

Exemples où des Voyelles étant seules, font leurs Syllabes.

A-ger, a-cus, a-mo, a-mí-cus, á-ni-ma, a-ra, a-go. Æ-des, æ-tér-nus, æ-tas. E-bur, e-do, e-me. I-bo, i-rá-tus. O-nus, o-dó-res, ó-ri-ens. U-be-ra, u-tí-li-tas. Au-ra, au-rum, au-la. Pí-e-tas, im-pí-e-tas, di-é-rum, di-é-bus, pu-e-ró-rum, me-li-ó-res, e-su-ri-é-bam, ve-ni-é-mus. Gló-ri-a, De-o, vi-a, fú-gi-o, á-be-o, há-be-o , ár-gu-o, aú-di-o , i-dé-a, e-o , á-i-o.

HUITIE'ME TABLE.

Exemples où les Voyelles finiſſent par des Conſonnes.

AVERTISSEMENT.

Lorſque dans le milieu du mot deux Conſonnes ſe trouvent de ſuite, la premiere appartient à la Voyelle qui precede, & la ſeconde à la Voyelle ſuivante, à moins que cette ſeconde Conſonne ne ſoit une l *ou une* r *aprés* b, c, d, p, g, t, *car alors les deux Conſonnes ſe joignent à la Voyelle ſuivante, comme ſi ce n'étoit qu'une ſeule Conſonne.*

Ab-ſens, aſ-cén-dit, ac-cén-dit , ac-cén-tus, ag-ger, al-tus, al-bus, al-ter, am-plus, an-trum. Er-ror. Im-ber, im-mén-ſus, im-mor-tá-lis, in-fír-mus. Or-bis, oſ-tén-dit, ob-ſér-vat. Ul-cus, ur-get, un-guén-tum. Hoſ-pes, hoſ-tis, hor-tus. Bal-bus, bel-lum. Paſ-tor, par-cit, per-dit, pel-lis , pin-guis , piſ-tor , pul-vis , pun-git. Men-dax, mer-ces, mef-fis, mon-tes, mor-bus, mor-det, mur-mur. Nul-lus. Dor-mit. Tem-péf-tas, tan-git, ton-for, tol-lit. Lan-guor, lam-bit. Sen-tit, jun-git. Gib-bus, gyp-fum, gar-rit. Can-dor, can-cer, cef-fat. Sal-vus, fal-fus, fcan-dit, fcir-pus, fcal-per, fer-tum, fpon-fus, fom-nus. Vel-lit. Fal-lit, fun-gus.

NEUVIE'ME TABLE.

Exemples où des Mutes font fuivies de Liquides, c'eft-à-dire, où les Confonnes b, c, d, g, p, t, *font fuivies de* l *ou* r.

A-tri-um, a-tra-mén-tum. Æ-gró-tus. E-bri-us, e-gré-de-re. Hy-dri-a, hy-pó-cri-ta. O-cre-a. U-tres. Bo-nus, bru-tus, blan-dí-ri. blæ-fus. Cla-mor, cre-do, cru-dus, cro-cus, fá-bri-ca, fla-grum, fla-gél-lum, fla-gí-ti-um, fra-gor, fru-ges, fe-bris, ful-crum. Gle-ba, glá-di-us, gló-ri-a, grá-di-tur, gran-dis, gran-do, gra-tus, gra-vis. La-bra, li-bra, li-bri, la-tro, la-trat. Pá-tru-us, pa-tró-nus, pá-tri-a, pla-cé-bo, ple-nus, plu-ma, plau-ſtrum, pra-ta, pró-pe-ra, pró-pri-us. Qua-dra-gín-ta. Re-ple, re-pro-bá-re, re-trí-bu-e, re-gre-dé-re. Sa-cra, ſa-cri-fi-cá-te, ſi-mu-lá-cra, ſcri-bo, ſplen-dor. Té-ne-bræ, the-á-trum, tra-hit, tre-mo, tri-ſtis, trú-ti-na.

DIXIE'ME TABLE.

Exemple où la Syllabe commence par une Conſonne.

AVERTISSEMENT.

Une ſeule Conſonne au milieu du mot, ſe joint toûjours à la Voyelle ſuivante; ainſi en aſſemblant les Syllabes de panis, *il ne faut pas dire* pan-is, *mais* pa-nis.

Ba-lá-re, bú-bu-la, bi-bé-re, be-ne-di-cá-mus Dó-mi-no. Ca-lí-go, cá-li-ga, cá-ni-te, co-ró-na, cu-bí-le, cu-ra, có-gi-ta, ce-ra, cé-ci-di, ce-cî-di, cé-ci-ni, cœ-na, cœ-lum. Da-te, da-bo, de-di, di-co, di-xi, du-co, du-xi, di-es dó-mi-ni, dí-ci-te. Fa-ba, fá-bu-la, fá-mu-la, fæ-mi-na, fi-bu-la, fá-ci-te, fó-de-re, fu-ge, fi-li mi. Ga-za, gu-la gau-dé-te, gé-mi-te, ge-lu, gy-ra-re. Hau-rí-re, ha-bé-mus, ha-bé-na, ha-bi-tá-bo, já-nu-a, já-ni-tor, ja-ce, je-ci, je-jú-ni-um, jú-ve-nis, ju-vá-re, ju-rá-re. La-na, la-gé-na, li-ma, lu-na, la-vá-bo, lau-dá-te, le-vá-te, lu-de, ló-que-re. Ma-lus, má-cu-la, ma-re, ma-ne, mo-la, mo-ra, mé-mi-ni, mú-ne-ra. Na-tá-re, né-bu-la, nó-mi-na, no-lo, nu-me-rá-re. Pá-gi-na, pa-rá-bo-la, pœ-na, pi-la, po-pí-na, pu-to. Quá-te-re, quæ-si-vi, que-ri, que-ré-la, quæ-so, ra-rus, ré-ge-re, ré-gu-la, ri-ma, ri-pa, ri-xa, ro-ma, ro-sa, ro-ta, ru-ga, ré-ci-pe, ré-i-ce, ré-vo-ca, ri-dé-te, ro-gá-te. Sa-gi-na, sa-lú-ta, sa-ná-te, sá-pe-re, sé-mi-ta, se-cá-re, si-ca, si-le, su-me. Zo-na. Tá-bu-la, té-gu-la, to-ga, tu-ba, tú-ni-ca, ta-ce, ti-me. Va-pu-lá-bis, vá-ni-tas, vé-ri-tas, va-de, va-le, ve-na, ve-ni, vi-de, vi-gi-lá-re, vi-ta, vo-ca.

ONZIÈME TABLE.

ga, go, gu. ge, gi. j.

Gálea, galérus, góbio, gutta, glácies, globus, gleba, grádior.
Gelu, gémere, gemináre, gérere, generáre, gígnere, gigas.
Jube, jocáris, júvenis, jánua, jacet, juráre, jusjurándum.

q. ca, co, cu.

Quare, quando, quátuor, quántitas, quærô, queréla, quercus, quidam, quies, quiéſco, quinque, quintus, quinquagínta, equus, æquus, quotídie, quotidiánus, equum, æquum eſt, quum.

Calcar, cadáver, cálamus, candéla, candelábrum, calvus, caténa cognósco, cómedo, cúpio, cucúrri, crédidi, crocus, crusta, claudus, clavis, clavus.

ce, ci, s, x.

Cécinit, cécidit, cera, centrum, certámen, cibus, cibávit, civis, cívitas, cíngere.

Sábbathum, sábulum, sacérdos, salus, sella, cella, senátor, scala, somnus, possum, sparsus, aspérsio, submérsus, persóna, consul, mensis, mensúra.

s entre deux Voyelles comme z.

Jesus, Ecclésia, risus, visus, formósus, música. Zelus, zéphyrus.

Dixit, duxit, rexit, aspéxit, perréxit, expécto, éxprimo, extrémus.

Exáudi, exémplum, exórdium, exílium, exul, exultáre, exercére, exíre, exímere.

ti *devant*

ti devant une voyelle, comme ci.

Rátio, orátio, grátia, prudéntia, ſapiéntia, ſéntio, ſentiébam, ſéntiens, patiúntur, ſtúltior, ſtúltius, fórtior, fórtius, mœſtítia, triſtítia, juſtítia, grátia, gratióſus, prétium, pretióſus, pátiens, patiénter, patinétia, ambítio, ambitióſus, propítius, ſiléntium.

Exceptez en ſti.

Chriſtiánus, tríſtia; triſtior; triſtius; moéſtior, moéſtius; modéſtior, modéſtius: hóſtia, óſtium, oſtiárius.

h, Rh, th, ph, ch latin.

l'h *eſt un peu aſpirée en* latin.

Hábeo, hábito, hamus, herba, hymnus, hoſpes, honor, humánus. Rhenus, Rhetor, rhetórica, Rhodus, myrrha, theátrum, theória,

Máthias, Thomas. Phárao, Philósophus, Philíppus, Phœnix, Prophét[a]
Pámphilus. Cháritas, Patriárcha, Architéctus, Chánaam, Chérubim
Chriſtus, Chriſtiánus.

DOUZIÈME TABLE.

Regles particulieres au François.

ch *en François.*

Un chat, un chien, un cheval, un chameau, un chevreau, un chou une choſe, chantez, choiſiſſez, un chapeau, une chandelle, une vache une biche.

ç ça ço çu.

Il commença, il menaça; renonçant, prononçant; efforçons-nous, une leçon, une rançon, un garçon, il lançoit, il perçoit, il a reçû, il a conçu. Je commençai, il ſçait, je ſçaurai.

gea geo geu.

Il mangea, il changea, gageons, mangeons, vangeons, un Geolier, George, un Geai, il gageoit, il vangeoit.

cue, cui. gue, gui.

Cueillir, un recueil, un écueil, un gué, un gueridon, guerir, gueriſon, guere, guerre, une guêpe, une baguette, une longue harangue, Gui, Guillaume.

gna gne gni gno gnu.

agnus, *agneau.*

dignus,	*digne.*
regnum,	*regne.*
regnans,	*regnant.*
ſignum,	*ſigne.*
magnanimus,	*magnanime.*
magnificus,	*magnifique.*

l *moüillée à la fin & au milieu.*
ail, eil, il, oil, euil, ouil.

Un Camail, un Eventail, un Portail, le Soleil, le ſommeil; vermeil; le ſourcil, du perſil, un peril, un chevreüil, le ſeüil, un cercueil, gaillard, vaillant, une bataille, une écaille: une bouteille, une corbeille, l'oreille: une bille, un billard, une cheville, une étrille, une fille, une quille. Du broüillard, du boüillon, de la boüillie, une andoüille, une grenoüille, une quenoüille.

e muet final.

Je regarde, je parle, j'écoute, je marche, je chante, je pleure, je mange, je dîne, je goûte, je soupe, je joue. Une bonne mere, une sainte femme, une fille sage, une belle Eglise, une grande porte.

es final.

tu parles, tu joües, tu marches, tu manges, tu écoutes, tu demandes, tu amasses, tu pries. Les ames saintes: les peres sages: les hommes doctes: les grandes dames. Nous dinâmes, nous soupâmes, nous joüâmes, nous dîmes, nous fîmes, nous fûmes, nous bûmes.

ent muet.

Ils montent, ils deſcendent, ils viennent, ils courent, ils voyent, ils croyent, ils badinerent, ils jouerent, ils chanterent, ils bûrent, ils coururent, ils prirent, ils firent, ils vinrent. Plût à Dieu qu'ils écoutaſſent, qu'ils ſe tûſſent, qu'ils luſſent, qu'ils fiſſent, qu'ils craigniſſent.

Particules exceptées.

Les juſtes brilleront dans le Ciel comme *des* étoiles. *Mes* freres, n'enviez point *les* biens de *ces* riches injuſtes. L'enfant qui craint Dieu honore *ſes* parens. Obéïs à *tes* Maîtres ſi tu *es* ſage. Dieu ſeul eſt *tres*-ſaint, *tres*-bon & *tres*-ſage.

* *é fermé.*

La verité, la bonté, la charité, la ſainteté, la chaſteté, la pureté.

J'ai crié, j'ai pleuré, j'ai joué, j'ai chanté, j'ai danſé, j'ai ſauté, j'ai mangé, j'ai goûté.

és.

Les beautés, les curioſités, les vanités, les qualités, les dignités, les verités, les commodités.

ez.

Les veritez : les commoditez : le nez, un dez ; chez, aſſez. Allez, venez, courez, jouez, chantez, riez, prenez, liſez, écrivez. Ils ſont aimez & eſtimez, reſpectez & honorez.

ée ées.

Une année, des années. Une journée, des journées. Une armée, des armées. Une vallée, des vallées. Une chauſſée, des chauſſées. Une cheminée, des cheminées. Elle eſt ornée & parée, elles ſont ornées & parées. La Judée & la Galilée.

er final comme é.

Adorer, prier, penſer, mediter, parler. Un Pommier, un Poirier, un Prunier, un Figuier. Un Cocher, un Portier, un Cuiſinier, un Patiſſier, un Menuiſier.

er & ers, comme é & ez.

Un Berger, des Bergers. Un Jardinier, des Jardiniers. Un Oranger, des Orangers. Un Peſcher, des Peſchers. Un Amandier, des Amandiers.

e muet au commencement ou au milieu.

Benir, venir, revenir, tenir, retenir, devenir. Beſoin, ceci, cela, chemin, chemiſe, demain : depuis : dedans : devant, demander : demoiſelle : melon : menacer : redire : refuſer : refaire : remettre : chaſteté, pureté, je ferai, je ferois, je ſerai, je ſerois.

ement.

Sagement, modeſtement, juſtement, honneſtement, civilement, fortement, facilement, ſaintement, certainement, entierement.

exceptez.

Aiſément, aſſurément, aveuglément, impunément, obſcurément, confuſément, expreſſément, preciſément, conformément, communément.

é plein.

Etat, étant, égal, élegant, élement, éminent, épître, piété, tiédeur, fiévre, fiére, premiére, priére, carriére, taniére. Bécasse, bégue, bénédiction, bénéfice, cérémonie, débiteur, félicité, générosité, légion, légume, médecin, médiocre, réciter, réparer, séparer, témérité, vérité.

ê ouvert.

Une bête : la tête : la tempête : champêtre : une fête : un Prêtre : il prêche : il mêle.

Une bette :	une bête.
La tette :	la tête.
Il péche :	il pêche.

Un pécheur : un pêcheur.
Un péché : un pêcher.

em ou *en* , comme *an* ou *am*.

Emmener, emballer, emporter, empêcher, une ſemme. Le temps preſent. Comment ? cent. Le vent. En entrant ſouvent. Penitent, penitence. Prudent, prudence, prudemment. Patient, patience. Conſentement, modeſtement. En eſprit & en verité.

Diphthongues.

ai	ei	oi	au	eu	ou
lai	lei	loi	lau	leu	lou
rai	rei	roi	rau	reu	rou
dai	dei	doi	dau	deu	dou

ai	ei	oi	au	eu	ou
tai	tei	toi	tau	teu	tou
nai	nei	noi	nau	neu	nou
mai	mei	moi	mau	meu	mou
bai	bei	boi	bau	beu	bou
pai	pei	poi	pau	peu	pou
ſai	ſei	ſoi	ſau	ſeu	ſou
vai	vei	voi	vau	veu	vou
jai	jei	joi	jau	jeu	jou
ſai	ſei	ſoi	ſau	ſeu	ſou
chai	chei	choi	chau	cheu	chou

ai.

J'ai : je chantai : je danſai : je criai : je pleurai : je ſerai : je ferai : je verrai : je joüerai. Traiter, plaider, ſouhaiter, paiſible, raiſon, raiſonner : vainement : pair , impair : neceſſaire : ordinaire : faire une affaire. Il ſçait. Il fait un portait , du lait. Je fais , tu fais. Je plais, tu plais , il plaît. Les faits , les traits. Un maître , un traître. Mais, le Palais, un Laquais, la paix.

ei

Une veine , une baleine , une peine, la reine, la Seine, l'oreille, le ſommeil , le ſoleil , une ceinture , une peinture , une teinture. Il peigne, il enſeigne, le ſeigneur.

oi.

Moi, toi, ſoi, quoi : la loi, la foi, le roi : il boit, il doit ; il voit ; il croit ; le droit, le doigt. Boire, une poire, du bois, des pois. La croix; la voix, une noix, un mois, une fois.

exceptions.

Les François, les Anglois, les Hollandois, les Polonois. J'avois, tu avois, il avoit, ils avoient. J'aurois, tu aurois, il auroit, ils auroient. Que je sois, que tu sois, qu'il soit, qu'ils soient. J'étois, tu étois, il étoit, ils étoient. Je serois, tu serois, il seroit, ils seroient.

aim, ain, ein, in, oin.

Un daim, la faim, du pain, du grain, du levain, un poulain, un nain, la main, le prochain, vilain. Le sein, un frein. Du crin, du thim, du vin, du venin. Infini, invisible, immortel, immense, impossible, moins, moindre, point, le poing, joindre, Joinville, du foin, le soin, le besoin.

au.

L'autel, autant; il faut: il vaut: il ſaute: la hauteur: les animaux: les chevaux: les pauvres. L'épaule gauche, une autre cauſe.

eau.

Du gâteau, un oiſeau, un moineau, un agneau, un veau, la peau, un beau chapeau. Un manteau, un marteau, un château, un tableau.

eu, œu.

Je veux, tu veus, il veut, ils veulent. Je peux, tu peus, il peut, ils peuvent. Un menteur, un voleur, l'honneur: un Docteur: un Predicateur, le feu, le jeu, la peur. Il eſt peureux & pleureux. Un œuf, du bœuf, le cœur, une ſœur, un vœu, un nœud, une œuvre, les mœurs.

ou.

Un clou, un trou, un chou, un foû, un bout, un bouc, un loup, un houx, le goût, une goutte. Pouſſez, ouvrez la bouche, la bourſe, vous voulez toûjours courir & joüer. Nous pouvons tout d'un coup.

Voyelles ſeparées par deux points.

Noë, Noël, Iſraël, Michaël, un Poëte. Caïn, Naïm, Ephraïm, Judaïque, haïr, haïſſons, deïté, obéïr, réïterer, hemoroïde, heroïque, Stoïque. Eſaü, Saül, Nicolaüs. Réüſſir, réünir.

y entre deux voyelles.

Voyant, envoyant, effroyable, aboyant, broyer, noyer, nettoyer. Un citoyen, un moyen, une voyelle. Ils voyent, ils croyent. Appuyer, eſſuyer les yeux, joyeux.

Que j'aye, que tu ayes, qe'ils ayent. Une haye, une playe, begayer, payer, payeur, un pays, un payſan. Un crayon, un rayon.

Seconde

SECONDE PARTIE.

PREMIERE TABLE.

Difference des deux Genres.

Le Masculin,	*le Feminin.*
un Mâle,	une Femelle.
un Chat,	une Chatte.
un Chien,	une Chienne.
un Ane,	une Anesse.
un Cheval,	une Cavalle.

un Lion,	une Lionne.
un Loup,	une Louve.
un Homme,	une Femme.
un Epoux,	une Epouſe.
un Pere,	une Mere.
un Frere,	une Sœur.
un Fils,	une Fille.
un Couſin,	une Couſine.
un Ami,	une Amie.
un Roy,	une Reine.
un Prince,	une Princeſſe.
un Duc,	une Ducheſſe.
un Comte,	une Comteſſe.
un Marquis,	une Marquiſe.

un Baron,	une Baronne.
un Presid ent,	une Presidente.
un Abbé,	une Abesse.
un Maître,	une Maîtresse.
un Regent,	une Regente.
un Ecolier,	une Ecoliere.
un Serviteur,	une Servante.
un Marchand,	une Marchande.
un Païsan,	une Païsane.
un Ouvrier,	une Ouvriere.
un Cuisinier,	une Cuisiniere.
un Jardinier,	une Jardiniere.
un Boulanger,	une Boulangere.
un Berger,	une Bergere.

un Joueur,	une Joueuſe.
un Cauſeur,	une Cauſeuſe.
un Blanchiſſeur,	une Blanchiſſeuſe.
un Chat gris,	une Chatte griſe.
un Cheval noir,	une Cavalle noire.
un Lion cruel,	une Lionne cruelle.
un Loup affamé,	une Louve affamée.
un Homme eſtimé,	une Femme eſtimée.
un Prince genereux,	une Princeſſe genereuſe.
un Ecolier ſavant,	une Ecoliere ſavante.
un petit Garçon,	une petite Fille.
un grand Roy,	une grande Reine.
un ancien Ami,	une ancienne Amie.

SECONDE TABLE.

Difference du Singulier & du Plurier.

Singulier,	*Plurier.*
Je ſuis content.	Nous ſommes contens.
tu es enfant.	vous êtes enfans.
il eſt ſavant.	ils ſont ſavans.
un fruit excellent.	des fruits excellens.
un bras.	deux bras.
un pas.	quatre pas.
un repas.	des repas.
un bienheureux.	des bienheureux.

il eſt vieux.	ils ſont vieux.
ce bien mal acquis.	ces biens mal acquis.
il eſt aſſis.	ils ſont aſſis.
cette verité.	ces veritez.
nôtre pere.	nos freres.
vôtre bonté.	vos bontez.
ſa maiſon.	ſes maiſons.
ſon maître.	ſes maîrres.
monſieur.	meſſieurs.
madame.	meſdames.
ton ami.	tes amis.
la main.	les mains.
le bien.	les biens.
le jour.	les jours.

la nuit.	les nuits.
un animal.	des animaux.
un cheval.	des chevaux.
mon travail.	mes travaux.
ton chapeau.	tes chapeaux.
un tableau.	des tableaux.
le jeu.	les jeux.
le ciel.	les cieux.
l'œil.	les yeux.

TROISIÉME TABLE.

Conjugaiſon des Perſonnes de toute ſorte de Temps.

SINGULIER.

je	tu	il
je penſe,	tu penſes,	il penſe;
que je penſe,	que tu penſes,	qu'il penſe;
je penſois,	tu penſois,	il penſoit;
je penſerois,	tu penſerois,	il penſeroit;
que je penſaſſe,	que tu penſaſſes,	qu'il penſât;
je penſai,	tu penſas,	il penſa;
je penſerai,	tu penſeras,	il penſera;
penſe,	penſons,	penſez;

PLVRIER.

nous	vous	ils
nous penſons,	vous penſez,	ils penſent.
que nous penſions,	que vous penſiez,	qu'ils penſent.
nous penſions,	vous penſiez,	ils penſoient.
nous penſerions,	vous penſeriez,	ils penſeroient.
que nous penſaſſions,	que vous penſaſſiez,	qu'ils penſaſſent.
nous penſâmes,	vous penſâtes,	ils penſerent.
nous penſerons,	vous penſerez,	ils penſeront.
penſer,	penſant,	penſé,

	j'ai,		tu as,		il a;
que	j'aye,	que	tu ayes,	qu'il	ait;
	j'avois,		tu avois,		il avoit;
	j'aurois,		tu aurois,		il auroit;
que	j'eusse,	que	tu eusses,	qu'il	eût;
	j'eus,		tu eus,		il eut;
	j'aurai,		tu auras,		il aura;
	aye,		ayons,		ayez;
	je suis,		tu es,		il est;
que	je sois,	que	tu sois,	qu'il	soit;
	j'étois,		tu étois,		il étoit;
	je serois,		tu serois,		il seroit;
que	je fusse,	que	tu fusses,	qu'il	fût;

nous avons,	vous avez,	ils ont.
que nous ayons,	que vous ayez,	qu'ils ayent.
nous avions,	vous aviez,	ils avoient.
nous aurions,	vous auriez,	ils auroient.
que nous euſſions,	que vous euſſiez,	qu'ils euſſent.
nous eûmes,	vous eûtes,	ils eurent.
nous aurons,	vous aurez,	ils auront.
avoir,	ayant,	eu.
nous ſommes,	vous eſtes,	ils ſont.
que nous ſoyons,	que vous ſoyez,	qu'ils ſoient.
nous étions,	vous étiez,	ils étoient.
nous ſerions,	vous ſeriez,	ils ſeroient.
que nous fuſſions,	que vous fuſſiez,	qu'ils fuſſent.

je fus,	tu fus,	il fut;
je ſerai,	tu ſeras,	il ſera;
ſois,	ſoyons,	ſoyez;

QUATRIE'ME TABLE.

Conjugaiſon des Temps par les premieres Perſonnes,

	Preſent.	*Imparfait.*	*Parfait défini.*
INDICATIF.	je penſe,	je penſois,	je penſai;
SUBJONCTIF.	que je penſe,	je penſerois, *ou*	que je penſaſſe;
IMPERATIF.	penſe,		
INFINITIF.	penſer,		
PARTICIPE.	penſant,		penſé;

nous fûmes,	vous fûtes,	ils furent.
nous ferons,	vous ferez,	ils feront.
être,	étant,	été.

Parfait indéfini.	*Plus que Parfait.*	*Futur.*
j'ai pensé,	j'avois pensé,	je penserai.
que j'aye pensé,	j'aurois, *ou* j'eusse pensé,	j'aurai pensé.
avoir pensé,		devoir penser.
ayant pensé,		devant penser.

	Present.	*Imparfait.*	*Parfait défini.*
INDICATIF.	j'ai,	j'avois,	j'eus ;
SUBJONCTIF.	que j'aye,	j'aurois, *ou*	j'eusse ;
IMPERATIF.	aye,		
INFINITIF.	avoir,		
PARTICIPE.	ayant,		eu ;

	Present.	*Imparfait.*	*Parfait défini.*
INDICATIF.	je suis,	j'étois,	je fus,
SUBJONCTIF.	que je sois,	je serois, *ou*	je fusse,
IMPERATIF.	sois,		
INFINITIF.	être,		
PARTICIPE.	étant,		été,

Parfait indéfini.	*Plus que parfait.*	*Futur.*
j'ai eu.	j'avois eu,	j'aurai.
que j'aye eu,	j'aurois, *ou* j'eusse eu,	j'aurai eu.
avoir eu,		devoir avoir.
ayant eu,		devant avoir.

Parfait indéfini.	*Plus que Parfait.*	*Futur.*
j'ay été,	j'avois été,	je ſerai.
que j'aye été,	j'aurois, *ou* j'euſſe été,	j'aurai été.
avoir été,		devoir être.
ayant été,		devant être.

	Present.	*Imparfait.*	*Parfait défini.*
INDICATIF.	je viens,	je venois,	je vins;
SUBJONCTIF.	que je vienne,	je viendrois, *ou*	je vinsse,
IMPERATIF.	viens,		
INFINITIF.	venir,		
PARTICIPE.	venant,		venu;

Parfait

Parfait indéfini.	*Plus-que-Parfait.*	*Futur.*
je ſuis venu,	j'étois venu,	je viendrai.
que je ſois venu,	je ſerois, *ou* je fuſſe venu,	je ſerai venu.
être venu,		devoir venir.
étant venu,		devant venir.

CINQUIE'ME TABLE.

Difference de l'Actif & du Paſſif.

INDICATIF.

	Actif.	*Paſſif.*
Preſent.	j'aime :	je ſuis aimé.
Imparfait.	j'aimois :	j'étois aimé.
Parfait défini.	j'aimai :	je fus aimé.

	Actif.	Passif.
Parfait indéfini.	j'ai aimé:	j'ai été aimé.
Plus que Parfait.	j'avois aimé:	j'avois été aimé.
Futur.	j'aimerai:	je ſerai aimé.

SUBJONCTIF.

	Actif.	Passif.
Preſent.	que j'aime:	que je ſois aimé.
Imparfait.	j'aimerois:	je ſerois aimé.
Parfait défini.	j'aimaſſe:	je fuſſe aimé.
Parfait indéfini.	que j'aye aimé:	que j'aye été aimé.
Plus que Parfait.	j'aurois, *ou* j'euſſe aimé:	j'aurois, *ou* j'euſſe été aimé.
Futur.	j'aurai aimé:	j'aurai été aimé.

IMPERATIF.

Actif.	*Passif.*
aime:	ſois aimé.
aimons:	ſoyons aimez.
aimez:	ſoyez aimez.

INFINITIF.

	Actif.	*Passif.*
Preſent.	aimer:	être aimé.
Parfait.	avoir aimé:	avoir été aimé.
Futur.	devoir aimer:	devoir être aimé.

PARTICIPE.

	Actif.	*Passif.*
Present.	aimant:	aimé. / étant aimé.
Parfait.	avoir aimé:	ayant été aimé.
Futur.	devant aimer:	devant être aimé.

SIXIE'ME TABLE.

Noms de Nombre.

I.	1.	unus.	primus.	ſemel.	ſinguli.
II.	2.	duo.	ſecúndus.	bis.	bini.
III.	3.	tres.	tértius.	ter.	terni. trini.
IV.	4.	quatuor.	quartus.	quater.	quatérni.
V.	5.	quinque.	quintus.	quínquies.	quini.

VI.	6.	ſex.	ſextus.	ſéxies.	ſeni.
VII.	7.	ſeptem.	ſéptimus.	ſépties.	ſepténi.
VIII.	8.	octo.	octávus.	óćties.	octóni.
IX.	9.	novem.	nonus.	nóvies.	novéni.
X.	10.	decem.	décimus.	décies.	deni.
XI.	11.	úndecim.	undécimus.	undécies.	undéni.
XII.	12.	duódecim.	duodécimus.	duodécies.	duodéni.
XIII.	13.	trédecim.	décimus tértius.	décies ter.	
XIV.	14.	quatuórdecim.	décimus quartus.	décies qua-	
XV.	15.	quíndecim.	décimus quintus.	[ter, &c.	
XVI.	16.	ſéxdecim.	décimus ſextus.		
XVII.	17.	ſeptémdecim.	décimus ſéptimus.		
XVIII.	18.	octódecim.	decimus óćtavus.		
XIX.	19.	novémdecim.	décimus nonus.		
XX.	20.	vigínti.	vigéſimus.	vícies.	vicéni.
XXI.	21.	vigínti unus.	vigéſimus primus		
XXII.	22.	vigínti duo.	vigéſimus ſecúndus.		

XXX.	30.	trigínta.	trigésimus.	trícies.	triceni.
XL.	40.	quadragínta.	quadragésimus.	quadrágies.	quadrageni.
L.	50.	quinquagínta.	quinquagésimus.	quinquágies.	quinquagéni.
LX.	60.	sexagínta.	sexagésimus.		
LXX.	70.	septuagínta.	septuagésimus.		
LXXX.	80.	octogínta.	octogésimus.		
XC.	90.	nonagínta.	nonagésimus.		
C.	100.	centum.	centésimus.	cénties.	centéni.
CC.	200.	ducénti.	ducentésimus.		
CCC.	300.	trecénti.	trecentésimus.		
CCCC.	400.	quadringénti.	quadringentésimus.		
D.	500.	quingénti.	quingentésimus.		
DC.	600.	sexcénti.	sexcentésimus.		
DCC.	700.	septingénti.	septingentésimus.		
DCCC.	800.	octingénti.	octingentésimus.		
DCCCC.	900.	nongénti.	nongentésimus.		
CIƆ.	1000.	mille.	millésimus.	míllies.	milléni.

SEPTIE'ME TABLE.

Alphabet de Substantifs de choses communes.

Avus ávia ancílla amícus auris ala alvus artículus avis agnus áries aper ásinus apis ábies.

Barba bráchium bájulus bos búbalus bubo bufo.

Caput, cauda capílli cornu collum cérebrum crus capra camélus canis cátulus colúmba culex custos coquus cupréssus cálamus.

Dígitus dorsum Dóminus discípulus Dama draco delphínus dáctylus.

Elephas, equus, equa, eques, equíso, equitátus, equíle, equéstris.

Foémina fílius fámulus frater felis formíca fur femur fagus ficus fráxinus.

Gallus gallína gráculus glis glans gula genu genæ gener génitor génitrix.

Hœdus hircus hepar hortulánus hédera hyssópus.

Ibex ibis inglúvies ilex ília idólum ídea idíota.

Jecur juméntum juvéncus jentáculum juníperus juncus jánitor.

Lábia lingua latus : latro lánius leo lepus lupus lámbricus laurus.

Mamma maxílla membrum mentum marítus mater múlier mus musca malus morus myrthus.

Nasus nares nervus nepos nurus nutrix nóctua nux.

Os ossa óbstetrix ovis óstrea ólea olus opílio.

Pálpebra pes pectus pupílla palátum poples pugnus pellis pilus pluma pastor portus pardus pullus passer pavo perdix pica psíttacus piscis papílio pópulus pomus pirus.

Quercus quadra quádrupes querquédula quadríremis.

Renes rostrum Rex regína Rhinóceros, rana régulus rustícula rhamnus.

Scápula stómachus sinus sacérdos socer socrus soror servus sus símius serpens salix spina.

Talus taurus tigris talpa teſtúdo taxus tília.
Uterus úbera umbílicus unguis uxor urſus.
Vena venter víſcera vultus vir virgo vacca vítulus vervex vulpes veſpertílio vermis vimen vitis vínea.

HUITIE'ME TABLE.

Aphabet d'Adjectifs joints à leurs Subſtantifs.

altus mons,	alta arbor,	altum mare.
bonus panis,	bona aqua,	bonum vinum.
caſtus puer,	caſta, puélla,	caſtum cubíle.
durus lapis,	dura glácies,	durum lignum.
exíguus fructus,	exígua ſpica,	exíguum ſemen.
frígidus ventus,	frígida hyems,	frígidum tempus.

gratus labor, grata merces, gratum munus.
húmidus locus, húmida tellus, húmidum salum.
idóneus clypeus, idónea gálea, idóneum instruméntum.
justus judex, justa lex, justum judícium.
lúcidus sol, lúcida stella, lúcidum sydus.
malus ánimus, mala mens, malum ingénium.
novus cálceus, nova vestis, novum pállium.
onústus bájulus, onústa navis, onústum plaustrum.
parvus piscis, parva avis, parvum rostrum.
quérulus fámulus, quérula fámula, quérulum genus.
rarus ádamas, rara gemma, rarum aurum.
supérbus vir, supérba múlier, supérbum supercílium.
tímidus lepus, tímida gens, tímidum genus.
útilis liber, útilis pecúnia, útile argéntum.

vanus ſermo, vana cogitátio, vanum collóquium.

Exemples de comparatifs & ſuperlatifs.

longus	lóngior	longíſſimus	longitúdo.
latus	látior	latíſſimus	latitúdo.
altus	áltior	altíſſimus	altitúdo.
fortis	fórtior	fortíſſimus	fortitúdo.
liber	libérior	libérrimus	libértas.
pulcher	púlchrior	pulchérrimus	pulchritúdo.
magnus	major	máximus	magnitúdo.
parvus	minor	mínimus	párvitas.
multus	plus	plúrimus	multitúdo.
bonus	mélior	óptimus	bónitas.
malus.	péjor	péſſimus	malítia.

NEUVIE'ME TABLE.

Genres des noms par la diverſe conſtruction des Adjectifs.

Agrícola próvidus, amígdalus flórida; arca plena, ager cultus, annu prætéritus, aer ſalúbris, arx muníta, ars honéſta, ánimal mite arcus tenſus.

Barba prolíxa, bucca túmida, béllua fera, bellum funéſtum.

Cancer tardus, collis celſus, cedrus alta, calígo nigra, caro infírma corpus mortále; cor mundum.

Dies Domínicus, *ou* Domínica, dolor acer, Deus cándidus, domu régia.

Ætas fugitíva, enſis dirus, exércitus numeróſus, ebur nítidum, éremus vaſta, exémplar perféctum.

Fácies honéſta, fons límpidus, frons ſeréna, fulígo atra, flumen magnum, fel amárum.

Grex pusíllus, grando frígida, guttur siccum, gradus compósitus.
Húmerus latus, hæres pródigus, hortus amœnus, herus imperiósus.
Ignis sacer, imágo picta, iter longum, intelléctus bonus.
Júvenis audax, juvéntus vívida, jánua angústa, jus divínum.
Liber doctus, lana cándida, lex sancta, lux grata, laus vera, lumen purum, lac novum.
Miles ímpius, manus larga, multitúdo magna, mel dulce, marmor durum.
Nauta impávidus, nix alba, nomen nóbile, numen divínum, numísma æreum.
Oculus modéstus, ordo pulcher, ovum recens, óleum pingue, onus leve.
Portus tutus, pecten ebúrneus, pons lígneus, pietas sincéra, pórtio exígua, pax optáta, plebs ignára, palus limósa, præsépe plenum.
Questus vanus, quæstus jucúndus, quæstor régius, quæstio curiósa,

quies dulcis, quadrum perféctum.

Ros matutínus, réquies ætérna, rátio recta, rus amœnum, rupes immóta.

Sanguis cálidus, sol ígneus, sérvitus mísera, spes firma, spina acúta senéctus lánguida, schisma funéstum.

Turbo violéntus, tellus benígna, terra árida, tónitru horréndum.

Ulmus umbrósa, umbra opáca, uva matúra, urtíca pungens, uber plenum.

Ventus secúndus, vita jucúnda, vas fíctile, ver lætum, vinum generósum, vulnus lethále.

DIXIE'ME TABLE.

Noms declinez.

I. Declinaiſon.

SINGULIER.		PLURIER.			
a	am	æ	as	arum	is
hora,	horam:	horæ,	horas,	horárum,	horis.
ripa,	ripam:	ripæ,	ripas,	ripárum,	ripis.
roſa,	roſam:	roſæ,	roſas,	roſárum,	roſis.
ſtella,	ſtellam:	ſtellæ,	ſtellas,	ſtéllarum,	ſtellis.
via,	viam:	viæ,	vias,	viárum,	viis.

II. Declinaison.

SINGULIER.				PLURIER.			
us	e	um	o	i	os	orum	is
ſervus,	ſerve,	ſervum,	ſervo:	ſervi,	ſervos,	ſervórum,	ſervis.
herus,	here,	herum,	hero:	heri,	heros,	herórum,	heris.
magíſter,		magíſtrum,	magíſtro:	magíſtri,	magíſtros,	magiſtrórum,	magíſtris.
cibus,		cibum,	cibo:	cibi,	cibos,	cibórum,	cibis.
rivus,		rivum,	rivo:	rivi,	rivos,	rivórum,	rivis.
campus,		campum,	campo:	campi,	campos,	campórum,	campis.

Neutres de la Seconde Declinaiſon.

um	i	o	a	orum	is
bellum,	belli,	bello:	bella,	bellórum,	bellis.
vinum,	vini,	vino:	vina,	vinórum,	vinis.
pomum,	pomi,	pomo:	poma,	pomórum,	pomis.
lignum,	ligni,	ligno,	ligna,	lignórum,	lignis.

III

III. *Declinaiſon.*

SINGULIER.					PLURIER.		
	em	is	i	e	es	um	ibus
:rmo,	ſermónem,	ſermónis,	ſermóni,	ſermóne:	ſermónes,	ſermónum,	ſermónibus.
átio,	ratiónem,	ratiónis,	ratióni,	ratióne:	ratiónes,	ratiónum,	ratiónibus.
elígio,	religiónem,	religiónis,	religióni,	religióne:	religiónes,	religiónum,	religiónibus.
nber,	imbrem,	imbris,	imbri,	imbre:	imbres,	ímbrium,	ímbribus.
arcer,	cárcerem,	carcéris,	cárceri,	cárcere:	cárceres,	cárcerum,	carcéribus.
mor,	amórem,	amóris,	amóri,	amóre:	amóres,	amórum,	amóribus.
olor,	dolórem,	dolóris,	dolóri,	dolóre:	dolóres,	dolórum,	dolóribus.
os,	florem,	floris,	flori,	flore:	flores,	florum,	flóribus.
anis,	panem,	panis,	pani,	pane:	panes,	panum,	pánibus.
apis,	lápidem,	lápidis,	lápidi,	lápide:	lápides,	lápidum,	lapídibus.
eſtis,	veſtem,	veſtis,	veſti,	veſte:	veſtes,	véſtium,	véſtibus.
avis,	navem,	navis,	navi,	nave:	naves,	návium,	návibus.

E

SINGULIER.					PLURIER.		
	em	is	i	e	es	um	ibus
collis,	collem,	collis,	colli,	colle:	colles,	cóllium,	cóllibus.
menſis,	menſem,	menſis,	menſi,	menſe:	menſes,	ménſium,	ménſibus
æſtas,	æſtátem,	æſtátis,	æſtáti,	æſtáte:	æſtátes,	æſtátum,	æſtátibus.
véritas,	veritátem,	veritátis,	veritáti,	veritáte:	veritátes,	veritátum,	veritátibu
homo,	hóminem,	hóminis,	hómini,	hómine:	hómines,	hóminum,	homínibu
imago,	imáginem,	imáginis,	imágini,	imágine:	imágines,	imáginum,	imagínib
ordo,	órdinem,	órdinis,	órdini,	órdine:	órdines,	órdinum,	ordínibus
fax,	facem,	facis,	faci,	face:	faces,	facum,	fácibus.
vox,	vocem,	vocis,	voci,	voce:	voces,	vocum,	vócibus.
nox,	noctem,	noctis,	nocti,	nocte:	noctes,	nóctium,	nóctibus.
ars,	artem,	artis,	arti,	arte:	artes,	ártium,	ártibus.
urbs,	urbem,	urbis,	urbi,	urbe:	urbes,	úrbium,	úrbibus.
virtus,	virtútem,	virtútis,	virtúti,	virtúte:	virtútes,	virtútum,	virtútibus
mons,	montem,	montis,	monti,	monte:	montes,	móntium,	móntibus
fons,	fontem,	fontis,	fonti,	fonte:	fontes,	fóntium,	fóntibus.

Neutres de la troisiéme Declinaison.

	SINGULIER.			PLURIER.		
	is	i	e	a	um	ibus
ovíle,	ovílis,	ovíli,		ovília,	ovílium,	ovílibus.
diadéma,	diadématis,	diadémati,	diadémate:	diadémata,	diadématum,	diademátibus.
carmen,	cárminis,	cármini,	cármine:	cármina,	cárminum,	carmínibus.
crimen,	críminis,	crímini,	crímine:	crímina,	críminum,	crimínibus.
vulnus,	vúlneris,	vúlneri,	vúlnere:	vúlnera,	vúlnerum,	vulnéribus.
tempus,	témporis,	témpori,	témpore:	témpora,	témporum,	tempóribus.
opus,	óperis,	óperi,	ópere:	ópera,	óperum,	opéribus.
caput,	cápitis,	cápiti,	cápite:	cápita,	cápitum,	capítibus.
cor,	cordis,	cordi,	corde:	corda,	córdium,	córdibus.
os,	ossis,	ossi,	osse:	ossa,	óssium,	óssibus.
iter,	itíneris.	itíneri,	itínere:	itínera,	itínerum,	itinéribus.

IV. *Declinaiſon.*

SINGULIER.				PLURIER.		
us	um	ui	u	us	uum	ibus
ſenſus,	ſenſum,	ſenſui,	ſenſu:	ſenſûs,	ſénſuum,	ſénſibus.
viſus,	viſum,	viſui,	viſu:	viſûs,	víſuum,	víſibus.
uſus,	uſum,	uſui,	uſu:	uſûs,	úſuum,	úſibus.
vultus,	vultum,	vultui,	vultu:	vultûs,	vúltuum,	vúltibus.

V. *Declinaiſon.*

es	em	ei	e	es	erum	ebus
dies,	diem,	diéi,	die:	dies,	diérum,	diébus.
ſpécies,	ſpéciem,	ſpeciéi,	ſpécie:	ſpécies,	ſpeciérum,	ſpeciébus.
ácies,	áciem,	aciéi,	ácie:	ácies,	aciérum,	aciébus.
res,	rem,	rei,	re:	res,	rerum,	rebus.

ONZIE'ME TABLE.

Conjugaiſon Active de toutes ſortes de Temps par toutes les perſonnes.

SINGULIER.			PLURIER.		
amo,	amas,	amat:	amámus,	amátis,	amant.
vídeo,	vides,	videt:	vídemus,	vidétis,	vident.
dico,	dicis,	dicit:	dícimus,	dícitis,	dicunt.
fácio,	facis,	facit:	fácimus,	fácitis,	fáciunt.
aúdio,	audis,	audit:	audímus,	audítis,	aúdiunt.
dabo,	dabis,	dabit:	dábimus,	dábitis,	dabunt.
ero,	eris,	erit:	érimus,	éritis,	erunt.
pótero,	póteris,	póterit:	potérimus,	potéritis,	póterunt.

SINGULIER.			PLURIER.		
eram,	eras,	erat:	erámus,	erátis,	erant.
póteram,	póteras,	póterat:	poterámus,	poterátis,	póterant.
fiam,	fias,	fiat:	fiámus,	fiátis,	fiant.
véniam,	vénias,	véniat:	veniámus,	veniátis,	véniant.
orábam,	orábas,	orábat:	orabámus,	orabátis,	orábant.
ludam,	ludes,	ludet:	ludémus,	ludétis,	ludent.
vocárem,	vocáres,	vocáret:	vocarémus,	vocarétis,	vocárent.
essem,	esses,	esset:	essémus,	essétis,	essent.
possem,	posses,	posset,	possémus,	possétis,	possent.
fécerim,	féceris,	fécerit:	fecérimus,	fecéritis,	fécerint.
sim,	sis,	sit:	simus,	sitis,	sint.
possim,	possis,	possit:	possímus,	possítis,	possint.

SINGULIER.			PLURIER.		
clamávi,	clamavísti,	clamávit:	clamávimus,	clamavístis,	clamavérunt.
fui,	fuísti,	fuit:	fúimus,	fuístis,	fuérunt,
pótui,	potuísti,	pótuit:	potúimus,	potuístis,	potuérunt,
dixi,	dixísti,	dixit:	díximus,	dixístis,	dixérunt,
ſum,	es,	eſt,	ſumus,	eſtis,	ſunt,
poſſum,	potes,	poteſt,	póſſumus,	potéſtis,	poſſunt,
volo,	vis,	vult,	vólumus,	vultis,	volunt,
fero,	fers,	fert,	férimus,	fertis,	ferunt,
eo,	is,	it,	imus,	itis,	eunt.

DOUZIÉME TABLE.

Comparaiſon de l'Actif & du Paſſif.

SINGULIER.			PLURIER.		
amo,	amas,	amat:	amámus,	amátis,	amant.
amor,	amáris,	amátur:	amámur,	amámini,	amántur.
tímeo,	times,	timet:	timémus,	timétis,	timent.
tímeor,	timéris,	timétur:	timémur,	timémimi,	timéntur.
ago,	agis,	agit:	ágimus,	ágitis,	agunt,
agor,	ágeris,	ágitur:	ágimur,	agímini,	agúntur,
aúdio,	audis,	audit:	audímus,	audítis,	aúdiunt,
aúdior,	audíris,	audítur:	audímur:	audímini,	audiúntu

SINGULIER.			PLURIER.		
dabo,	dabis,	dabit:	dábimus,	dábitis,	dabunt.
dabor,	dáberis,	dábitur:	dábimur,	dabímini,	dabúntur.
vocábam,	vocábas,	vocábat:	vocabámus,	vocabátis,	vocábant.
vocábar,	vocabáris,	vocabátur:	vocabámur,	vocabámini,	vocabántur.
ducam,	duces,	ducet:	ducémus,	ducétis,	ducent.
ducar,	ducéris,	ducétur:	ducémur,	ducémini,	ducéntur.
péterem,	péteres,	péteret:	peterémus,	peterétis,	péterent.
péterer,	peteréris,	peterétur:	peterémur,	peterémini,	peteréntur.

TREIZIÉME TABLE.

Imperatifs Actifs & Passifs.

lauda,	laudáte,	laudémus,
laudáre,	laudámini,	laudémur,
lava,	laváte,	lavémus,
laváre,	lavámini,	lavémur.

Imperatifs Actifs.

ora,	oráte,	orémus.
clama,	clamáte,	clamémus.
vide,	vidéte,	videámus.
gaude,	gaudéte,	gaudeámus.

Imperatifs Deponens.

lætáre,	lætámini,	lætémur.
miráre,	mirámini,	mirémur.
confitére,	confitémini,	confiteámur.
lóquere,	loquímini,	loquámur.

Actif.			*Deponent.*		
cave,	cavéte,	caveámus.	séquere,	sequímini,	sequámur.
surge,	súrgite,	surgámus.	ingrédere,	ingredímini,	ingrediámur.
curre,	cúrrite,	currámus.	egrédere,	egredímini,	egrediámur.
audi,	audíte,	audiámus.	aggrédere,	aggredímini,	aggrediámur.
veni,	veníte,	veniámus.	metíre,	metímini,	metiámur.
dic,	dícite,	dicámus.	ordíre,	ordímini,	ordiámur.
duc,	dúcite,	ducámus.	molíre,	molímini,	moliámur.
fac,	fácite,	faciámus.	nítere,	nitímini,	nitámur.
fer,	ferte,	ferámus.	útere,	utímini,	utámur.

QUATORZIE'ME TABLE.

Difference des quatre Conjugaiſons ſelon l'ordre des Temps.

I.	II.	III.	III.	IV.
amo.	móneo.	vendo.	rápio.	impédio.
amor.	móneor.	vendor.	rápior.	impédior.
amábam.	monébam.	vendébam.	rapiébam.	impediébam.
amábar.	monébar.	vendébar.	rapiébar.	impediébar.
amávi.	mónui.	véndidi.	rápui.	impedívi.
amátus ſum.	monítus ſum.	vénditus ſum.	raptus ſum.	impedítus ſum.
amáveram.	monúeram.	vendíderam.	rapúeram.	impedivéram.
amátus eram.	monítus eram.	vénditus eram.	raptus eram.	impedítus eram.

I.	II.	III.	III.	IV.
nábo.	monébo.	vendam.	rápiam.	impédiam.
nábor.	monébor.	vendar.	rápiar.	impédiar.
nem.	móneam.	vendam.	rápiam.	impédiam.
ner.	mónear.	vendar.	rápiar.	impédiar.
nárem.	monérem.	vénderem.	ráperem.	impedírem.
nárer.	monérer.	vénderer.	ráperer.	impedírer.
náverim.	monúerim.	vendíderim.	rapúerim.	impedíverim.
nátus ſim.	monítus ſim.	vénditus ſim.	raptus ſim.	impedítus ſim.
mavíſſem.	monuíſſem.	vendidíſſem.	rapuíſſem.	impedivíſſem.
mátus eſſem.	mónitus eſſem.	vénditus eſſem.	raptus eſſem.	impedítus eſſem.

I.	II.	III.	III.	IV.
amávero.	mónuero.	vendídero.	rápuero.	impedívero.
amátus ero.	mónitus ero.	vénditus ero.	raptus ero.	impedítus ero
ama.	mone.	vende.	rape.	ímpedi.
amáre.	monére.	véndere.	rápere.	impedíre.
amáre.	monére.	véndere.	rápere.	impedíre.
amári.	monéri.	vendi.	rapi.	impedíri.
amavísse.	monuísse.	vendidísse.	rapuísse.	impedivísse.
amátum esse.	mónitum esse.	vénditum esse.	raptum esse.	impedítum es
amándi.	monéndi.	vendéndi.	rapiéndi.	impediéndi.
amándo.	monéndo.	vendéndo.	rapiéndo.	impediéndo.
amándum.	monéndum.	vendéndum.	rapiéndum.	impediéndum.

I.	II.	III.	III.	IV.
amans.	monens.	vendens.	rápiens.	impédiens.
amátus.	mónitus.	vénditus.	raptus.	impedítus.
amatúrus.	monitúrus.	venditúrus.	raptúrus.	impeditúrus.
amándus.	monéndus.	vendéndus.	rapiéndus.	impediéndus.

QUINZIE'ME TABLE.

Preterits & Supins.

	vi	tum		
puto,	putávi,	putátum,	putáre.	*penser.*
cœno,	cœnávi,	cœnátum,	cœnáre.	*souper.*
sérvio,	servívi,	servítum,	servíre.	*servir.*

	vi	tum		
cúpio,	cupívi,	cupítum,	cúpere.	*desirer.*
peto,	petívi,	petítum,	pétere.	*demander.*
cresco,	crevi,	cretum,	créscere.	*croître.*
fleo,	flevi,	fletum,	flere.	*pleurer.*
	ui	itum		
hábeo,	hábui,	hábitum,	habére.	*avoir.*
débeo,	débui,	débitum,	debére.	*devoir.*
cubo,	cúbui,	cúbitum,	cubáre.	*être couché.*
domo,	dómui,	dómitum,	domáre.	*domter.*
	ui	utum		
státuo,	státui,	statútum,	statúere.	*établir.*
mínuo,	mínui,	minútum,	minúere.	*diminuer.*
tríbuo,	tríbui,	tribútum,	tribúere.	*donner.*

	xi	ctum		
dico,	dixi,	dictum,	dícere.	*dire.*
duco,	duxi,	ductum,	dúcere.	*mener.*
aſpício,	aſpéxi,	aſpéctum,	aſpícere.	*regarder.*
aúgeo,	auxi,	auctum,	augére.	*augmenter.*
jungo,	junxi,	junctum,	júngere.	*joindre.*
rego,	rexi,	rectum,	régere.	*regir.*
traho,	traxi,	tractum,	tráhere.	*traîner.*
vivo,	vixi,	victum,	vívere.	*vivre.*
víncio,	vinxi,	vinctum,	vincíre.	*lier.*
	di	ſum		
edo,	edi,	eſum,	édere.	*manger.*
accéndo,	accéndi,	accénſum,	accéndere.	*allumer.*
aſcéndo,	aſcéndi,	aſcénſum,	aſcéndere.	*monter.*

	di	ſum		
deſcéndo,	deſcéndi,	deſcénſum,	deſcéndere.	*deſcendre.*
vídeo,	vidi,	viſum,	vidére.	*voir.*
	ſi	ſum		
rídeo,	riſi,	riſum,	ridére.	*rire.*
lædo,	læſi,	læſum,	lædere.	*bleſſer.*
ludo,	luſi,	luſum,	lúdere.	*joüer.*
	pſi	ptum		
carpo,	carpſi,	carptum,	cárpere.	*cueillir.*
ſcribo,	ſcripſi,	ſcriptum,	ſcríbere.	*écrire.*
ſumo,	ſumpſi,	ſumptum,	ſúmere.	*prendre.*

Preterits & Supins irreguliers.

ádjuvo,	adjúvi,	adjútum,	adjuváre.	*aider.*

lavo, lavi, lotum, *ou* lautum, laváre. *laver.*
ſeco, ſécui, ſectum, ſecáre. *couper.*
dóceo, dócui, doctum, docére. *enſeigner.*
téneo, ténui, tentum, tenére. *tenir.*
ſédeo, ſedi, ſeſſum, ſedére. *eſtre aſſis.*
máneo, manſi, manſum, manére. *demeurer.*
júbeo, juſſi, juſſum, jubére. *commander.*
movéo, movi, motum, movére. *mouvoir.*
fácio, feci, factum, fácere. *faire.*
jácio, jeci, jactum, jácere. *jetter.*
cápio, cepi, captum, cápere. *prendre.*
fúgio, fugi, fúgitum, fúgere. *fuir.*
rápio, rápui, raptum, rápere. *ravir.*
ago, egi, actum, ágere. *agir.*

cogo,	coegi,	coáctum,	cógere.	*contraindre.*
ſurgo,	ſurréxi,	ſurréctum,	ſúrgere.	*ſe lever.*
frango,	fregi,	fractum,	frángere.	*rompre.*
rumpo,	rupi,	ruptum,	rúmpere.	*rompre,*
gigno,	génui,	génitum,	gígnere.	*engendrer.*
pono,	póſui,	póſitum,	pónere.	*mettre.*
fero,	tuli,	latum,	ferre.	*porter.*
mitto,	miſi,	miſſum,	míttere.	*envoyer.*
ſolvo,	ſolvi,	ſolútum,	ſólvere.	*délier.*
vénio,	veni,	ventum,	veníre.	*venir.*
ſéntio,	ſenſi,	ſenſum,	ſentíre.	*ſentir.*

Preterits qui redoublent la premiere Syllabe.

do,	dedi,	datum,	dare.	*donner.*

ſto,	ſteti,	ſtatum,	ſtare.	*eſtre debout*
mórdeo,	momórdi,	morſum,	mordére.	*mordre.*
ſpóndeo,	ſpopóndi,	ſponſum,	ſpondére.	*promettre.*
tóndeo,	totóndi,	tonſum,	tondére.	*tondre.*
cado,	cécidi,	caſum,	cádere.	*tomber.*
cœdo,	cecídi,	cœſum,	cædere.	*fraper.*
cano,	cécini,	cantum,	cánere.	*chanter.*
curro,	cucúrri,	curſum,	cúrrere.	*courir.*
diſco,	dídici,		díſcere.	*apprendre.*
fallo,	fefélli,	falſum,	fállere.	*tromper.*
pário,	péperi,	partum,	párere.	*enfanter.*
parco,	pepérci,	párcitum,	párcere.	*pardonner.*
pello,	pépuli,	pulſum,	péllere.	*pouſſer.*
pungo,	púpugi, *ou* punxi,	punctum.	púngere.	*piquer.*

tango,	tétigi,	tactum,	tángere.	*toucher.*
tundo,	tútudi,	tunſum,	túndere.	*cogner, fraper.*
tollo,	ſúſtuli,	ſublátum,	tóllere.	*lever, oſter.*
credo,	crédidi,	créditum,	crédere.	*croire.*

reddo, addo, abdo, condo, perdo, ſubdo, prodo.

Verbes ſans Supins.

juvo,	juvi,	juváre.	*aider.*
ſtúdeo,	ſtúdui,	ſtudére.	*étudier, tâcher.*
tímeo,	tímui,	timére.	*craindre.*
métuo,	métui,	metúere.	*craindre.*
diſco,	dídici,	díſcere.	*apprendre.*

Deponens irreguliers.

fáteor,	faſſus ſum,	fatéri.	*avoüer.*
confíteor,	confèſſus ſum,	confitéri.	*confeſſer.*
fungor,	functus ſum,	fungi.	*s'acquitter.*
utor,	uſus ſum,	uti.	*ſe ſervir.*
pátior,	paſſus ſum.	pati.	*ſouffrir.*
mórior,	mórtuus ſum,	mori.	*mourir.*
naſcor,	natus ſum,	naſci.	*naître.*
nancíſcor,	nactus ſum,	nancíſci.	*trouver.*
proficíſcor,	proféctus ſum,	proficíſci.	*partir.*
loquor,	locútus ſum,	loqui.	*parler.*
ſequor,	ſecútus ſum,	ſequi.	*ſuivre.*
grádior,	greſſus ſum,	gradi.	*marcher.*

SEIZIE'ME TABLE.

Conjugaiſon de Verbes irreguliers.

Sum, poſſum ; eram, póteram ; fui, pótui ; fúeram, potúeram. Sim poſſim ; eſſem, poſſem ; fúerim, potúerim ; fuíſſem, potúiſſem ; fúero potúero. Eſſe, poſſe ; fuíſſe, potuíſſe. Eſto, eſtóte.

Volo, nolo, malo ; volébam, nolébam, malébam ; vólui, nólui málui ; volúeram, nolúeram, malúeram ; volam, nolam, malam Velim, nolim, malim ; vellem, nollem, mallem ; volúerim, nolúerim, malúerim ; voluíſſem, noluíſſem, maluíſſem ; volúero, nolúero malúero. Velle, nolle, malle ; voluíſſe, noluíſſe, maluíſſe. Volens, nolens, malens.

Fero, ferébam, tuli, túleram, feram. Feram, ferrem, túlerim, tulíſſem, túlero. Ferre, tulíſſe. Ferens, latus, latúrus, feréndus.

Eo, ibam, ivi, íveram, ibo. Eam, irem, íverim, ivíſſem, ívero. Ire, íviſſe. Iens, itúrus.

Fio, fiébam, factus ſum, factus eram, fiam. Fiam, fíerem, factus ſim, factus eſſem, factus ero. Fiéri, factum eſſe.

Opórtet, oportébat, opórtuit, oportúerat, oportébit. Opórteat, oportéret, oportuíſſet, &c.

Quæſo, quæſumus. Salve, ave, vale, apage.

DIX-SEPTIE'ME TABLE.

Exemples ſur l'uſage de la difference des Temps.

Nunc diſco ſcríbere, tunc diſcébam légere. Olim dídici cánere. Prius didíceram loqui. Brevi diſcam numeráre. Deus vult ut diſcámus & faciámus ſua mandáta.

Diſcérem, ſi quis me docére vellet. Gaúdeo, quod didícerim præcépta ſapiéntiæ. Utinam illa didiciſſem matúrius. Cum didícero linguam latínam, diſcam quoque græcam.

Diſce ſapiéntiam. Diſcámus Dei legem. Díſcite verba prudéntium.

Volo díſcere Provérbia Salomónis. Vellem didicíſſe grammáticam. Nobis diſcéndum eſt ſemper, dum vívimus. Diſcéndæ ſunt nobis leges divinæ. Semper tempus eſt diſcéndi Dei mandáta. Stúdeo diſcéndo lítteras, *ou* diſcéndis lítteris.

Multum témporis pónimus in diſcéndo. Eo in ſcholam ad diſcéndum lítteras, *ou* ad diſcéndas lítteras, *ou* lítteras diſcéndi cauſâ, *ou* diſcendárum litterárum cauſâ. Eo in ſcholam ut diſcam lítteras. Eo in ſcholam auditúrus magíſtrum & lectúrus hiſtórias, nam hiſtóriæ ſunt audítu & lectu jucúndæ. Ita opus eſt facto, puer enim diſcens placet paréntibus & magíſtris.

Dóminus noster Jesus Christus íterum véniet, *ou* ventúrus est ad judicándum vivos & mórtuos, *ou* ad judicándos vivos & mórtuos, *ou* ut júdicet vivos & mórtuos, *ou* judicátum vivos & mórtuos, *ou* judicatúrus vivos & mortuos. Crédimus Jesum Christum ventúrum esse ad judicándum, &c.

Ego in scholâ magístrum docéntem auscúlto, deínde illo audiénte récito lectiónem, tum demum recitátâ lectióne, Provérbia Salomónis ab illo audíta scribo in chartâ.

DIX-HUITIE'ME TABLE.

Exemples sur l'usage des Cas.

Nominatif. Puer sápiens amátur ab ómnibus.
Vocatif. Puer hoc audi, quod tibi dico, & esto sápiens.

Accusatif.	Púerum ſapiéntem omnes amant.
Genitif.	Púeri ſapiéntis paréntes laudántur.
Datif.	Púero ſapiénti favent omnes.
Ablatif.	A púero ſapiénte amári jucúndum eſt.
Nominatif.	Púeri luſûs amant, & res ſérias averſántur.
Vocatif.	Púeri ne ódio habeátis diſciplínam.
Accuſatif.	Púeros peccántes caſtigáre neceſſe eſt.
Genitif.	Puerórum bonórum mores ſunt amábiles.
Datif.	Púeris permittendi ſunt luſus.
Ablatif.	Coram púeris cave fácias, aut dicas, quod non déceat.

Dóminus mihi adjútor, non timébo quid fáciat mihi homo.
Dóminus illuminátio mea & ſalus mea, quem timébo?
Ego mendícus ſum & pauper, Dóminus ſollícitus eſt mei.

Omnia quæcúmque vóluit Dóminus, fecit in cælo, & in terra, in mari & in ómnibus abyssis.

Dómine exáudi oratiónem meam.
Dómine salva nos, perímus.
Dómine clamávi ad te, exáudi me.
Dómine miserére nostri.
Díligam te Dómine fortitudo mea.

Dóminum tuum adorábis, & illi soli sérvies.
Non tentábis Dóminum Deum tuum.
Laudábo Dóminum in vita mea.
Adorémus Dóminum, qui fecit nos.

Dómini est terra, & plenitúdo ejus.

Dómini volúntas fiat.
Misericórdia Dómini plena est terra.
Inítium sapiéntiæ timor Dómini.

Dómino Deo nostro serviémus, & obediéntes érimus præcéptis ejus.
Placébo Dómino in regióne vivórum.
Quid retríbuam Dómino pro ómnibus quæ retríbuit mihi?
Grátias agámus Dómino Deo nostro.

In Dómino confído.
A Dómino factum est istud.
Omnis sapiéntia à Dómino Deo est, & cum illo fuit semper.
Non est servus major Dómino suo.

DIX-NEUVIÉME TABLE.

Exemples ſur l'uſage des Prepoſitions.

IN.

Meménto homo quia pulvis es, & in púlverem revertéris.

In manus tuas comméndo ſpíritum meum.

Si aſcéndero in cœlum, tu illic es : ſi deſcéndero in inférnum, ades.

Inclína cor meum in teſtimónia tua, & non in avarítiam.

In via teſtimoniórum tuórum delectátus ſum, ſicut in ómnibus divítiis.

Qui hábitat in cœlis, irridébit eos ; & Dóminus ſubſannábit eos.

Dómine ne in furóre tuo árguas me, neque in ira tua corrípias me.

In princípio creávit Deus cœlum & terram.

Prepositions avec l'Accusatif.

Ad Dóminum cum tribulárer clamávi, & exaudívit me.

Ad Deum accédere non póssumus nisi per Jesum, penes illum sunt res omnes; ipsi glória per ómnia sécula seculórum.

Dei Fílius homo factus est propter nos hómines & propter nostram salútem.

Cavéto ne pœnas ob stultítiam feras.

Non pudet vanitátis? Mínime, dum ob rem.

Quis Deus præter Dóminum? aut quis Deus præter Deum nostrum.

Cæcus quidam sedébat secus viam mendícans, qui à Christo Dómino sanátus est.

Deus creávit de terra hóminem, & secúndum imáginem suam fecit illum.

Adoléscens

Adoléſcens juxta viam ſuam, étiam cum ſenúerit non recédet ab ea.
Noli reſiſtere contra fáciem poténtis.
Impii convenérunt advérſus Dóminum, & advérſus Chriſtum ejus.
Miſericórdia Dei erga nos máxima eſt.
Inter ſupérbos ſemper júrgia ſunt.
Régnum Dei intra vos eſt.
Extra Eccléſiam nemo ſalvus erit.
Ante mortem ne laudes quemquam, lauda poſt mortem.
Lotharíngia eſt citra Rhenum.
Hiſpánia eſt ultra Pyrenæos, & Itália trans Alpes.
Sol dícitur eſſe ſupra lunam & infra ſtellas.

Prepoſitions avec l'Ablatif.

Declína à malo, & fac bonum.

Diſcéde ab inimíco, & diſcédent mala abs te.

Qui ex Deo eſt, verba Dei audit.

Noli de mórtuo inimíco gaudére.

Si Deus pro nobis, quis contra nos?

Magnus Dóminus noſter præ ómnibus Diis.

Coram extráneo ne fácias conſílium.

Veníte, émite abſque argénto & abſque ulla commutatióne vinum & lac.

Corpus ſine Spíritu mórtuum eſt.

Cum dormiénte lóquitur, qui narrat ſtulto ſapiéntiam.

Qui non eſt mecum, contra me eſt.

Pax tecum. Dóminus vobíſcum. Et cum ſpíritu tuo. Mane nobíſcum Dómine.

De propitiáto peccáto noli eſſe ſine metu, neque adjícias peccátum ſuper peccátum.

A Deo eſt, quidquid eſt in mundo, ſive ſùper terram, ſive ſub aquis, ſive in cœlis.

VINGTIE'ME TABLE.

Exemples ſur l'uſage des Pronoms.

Ego in te ſperávi Dómine, dixi Deus meus es tu, in mánibus tuis ſortes meæ.

Ego dixi Dómine miſerére mei, ſana ánimam meam, quia peccávi tibi.

Servus tuus ſum ego, da mihi intelléctum, ut ſciam teſtimónia tua.

Incola ego ſum in terra, non abſcóndas à me mandáta tua.

Vias tuas Dómine demónſtra mihi, & ſémitas tuas edóce me.

Qui récipit vos, me récipit; & qui me récipit, récipit eum qui me miſit.

Viam iniquítatis ámove à me, & de lege tuam miſerére mei.

Exurge Dómine, adjúva nos & líbera nos propter nomen tuum.

Dóminus pars hæreditátis meæ & cálicis mei, tu es qui restítues hæreditátem meam mihi.

Tibi derelíctus est pauper, orpháno tu eris adjútor.

Si memor fui tui, super stratum meum in matútinis meditábor in te, quia fuísti adjútor meus.

Plorémus coram Dómino qui fecit nos.

Nos autem pópulus ejus & oves páscuæ ejus.

Deus misereátur nostri & benedícat nobis, illúminet vultum suum super nos, & misereátur nostri.

Vos amíci mei estis, si fecéritis quæ præcípio vobis.

Prope est Dóminus ómnibus invocántibus eum, ómnibus invocántibus eum in veritáte.

Voluntátem timéntium se fáciet, & deprecatiónem eórum exaúdiet

& ſalvos fáciet eos.

Cuſtódit Dóminus omnes diligéntes ſe.

Beátus cujus Deus Jacob adjútor ejus, ſpes ejus in Dómino Deo ipſius, qui fecit cœlum & terram, mare & ómnia quæ in eis ſunt.

Dómine, ecce quem amas, infirmátur.

VINGT-UNIE'ME TABLE.

Sur l'uſage des Conjonctions.

Surge atque ámbula. Homo ſúdolus aït & negat. Vult & non vult piger. Vellet] quidem doctus eſſe, ſed fugit diſcéndi labórem.

Omnis áctio vel bona eſt, vel mala. Corpus aut movétur, aut quiéſcit.

Noli altum ſápere, ſed time. Ne ſis celer in loquéndo, ſed cógita priúſquam loquáris.

Dómine si fuísses hîc, frater meus non fuísset mórtuus.

Si ascéndero in cœlum, tu illic es: si descéndero in infernum, ades.

Nisi efficiámini sicut párvuli, non intrábitis in regnum cœlórum.

Mélior est sapiéntia quam vires, & vir prudens quam fortis. Audíte ergo Reges, & intellígite. Quóniam data est à Dómino potéstas vobis, & virtus ab Altíssimo, qui interrogábit ópera vestra: horréndè & citò apparébit vobis. Quóniam judícium duríssimum his, qui præsunt, fiet. Exíguo enim concéditur misericórdia: poténtes autem poténter torménta patiéntur. Non enim Deus verébitur magnitúdinem cujúsquam. Ad vos ergo, Reges, sunt hi sermónes mei. Ut discátis sapiéntiam, & non excidátis. Ipsa præóccupat, qui se concupíscunt, ut illis se prior osténdat. Concupiscéntia ítaque sapiéntiæ dedúcit ad regnum perpétuum. Si ergo delectámini sédibus & sceptris, ô Reges pópuli, dilígite sapiéntiam, ut in perpétuum regnétis. *Sap.*

Juſtórum ánimæ in manu Dei ſunt, & non tanget illos torméntum mortis, viſi ſunt óculis inſipiéntium mori, illi autem ſunt in pace. Etſi coram homínibus torménta paſſi ſunt, ſpes tamen illórum immortalitáte plena eſt.

FIN.

LUDI-MAGISTER DOCENS.

DIALOGUS.

GERVASIUS. BENIGNUS. PUERORUM TURBA.

GERVASIUS. *LIcétne rogáre te, vir óptime quemnam quæras his in ædibus?*
BENIGNUS. *Quæro Gervásium, illum nostin'?*
G. *Novi. Illi, quam ego sum, amicior est nemo.*
B. *Illíne, qui est ludi-magister scholæ hujus próximæ?*
G. *Illi ipsi, neque enim alius est ullus, quod sciam, hoc nómine. Sed nunc illum*

LE MAISTRE D'ECOLE FAISANT SA LEÇON.

DIALOGUE.

M. GERVAIS. M. BENIGNE. UNE TROUPE D'ENFANS.

GERVAIS. MOnſieur, pourroit-on vous demander qui vous cherchez icy?
BENIGNE. Monſieur Gervais, Monſieur. Le connoiſſez-vous?
G. Oui, Monſieur, je le connois : je ſuis ſon meilleur ami.
B. Eſt-ce celuy qui eſt le Maître de l'Ecole d'icy prés?
G. C'eſt luy-même : car il n'y en a point d'autre icy de ce nom, que je ſça-

che. Mais il n'eſt pas preſentement au logis.

B. Où pourrai-je donc le trouver, je vous prie?

G. Ne le cherchez plus. Il eſt tout trouvé.

B. Seroit-ce vous que je cherche, Monſieur?

G. Oui, Monſieur, c'eſt moy. Qu'y a-t-il pour vôtre ſervice?

B. Bien des choſes. Mais afin que vous ſachiez à qui vous avez à faire, je m'appelle Benigne.

G. Le nom de Monſieur Benigne ne m'eſt pas inconnu. C'eſt luy qui depuis peu a eſté fait Precepteur des enfans de Monſieur le Duc de . . .

B. Dieu a permis qu'on m'ait donné cette commiſſion, dont il faut que je m'acquitte exactement : & c'eſt pour cela, que j'ay ſouhaité avoir l'honneur de vous voir aujourd'huy.

G. En quoy mon ſervice pourroit-il vous eſtre utile?

B. J'ai oui dire que vous aviez une adreſſe particuliere pour l'inſtruction des enfans; ſi vous vouliez bien me la faire connoître, je tâcherois de l'imiter, & jamais je n'oublierois cette faveur.

G. Mais cette adreſſe, puiſqu'il vous plaît de l'appeller ainſi, n'eſt pas ſi grand *on invénies domi.*

B. *Ubi igitur, amábo, illum pótero invenire?*

G. *Omítte quærere, jam invenisti.*

B. *Tune ille es quem quæro?*

G. *Scilicet, ego ipse. Numquid est, in quo tibi queam gratificári?*

B. *Multa. Sed ne nescias quicum tibi res sit, mihi nomen est Benignus.*

G. *Mihi haud ignótum es nomen Benigni, qui nuper præfectus est institutióni filiórum Ducis de . . .*

B. *Deo permitténte factum est, mihi ut demandáta fúerit hæc provincia, quæ diligénter obeúnda est, hancque ob causam te hódie convéntum vólui.*

G. *Quà in re, quæso ópera mea tibi possit esse usui.*

B. *Audívi à multis, singulárem tuam esse in docéndis púeris indústriam, quam si dignáberis mihi osténdere, imitári studébo; neque ego unquam hujus grátiæ ero immemor.*

G. *Atque hæc quæcúmque indústria, ut tu vocas, tanti non est, ut spectátu digna sit.*

B. *Imo admiratióne est digna, si quidem verum est quod audivi: sed fáteor non posse me addúci ad illud credéndum, nisi prius fúero expértus, remque ipsam, si fieri potest, própriis óculis conspíciam.*

G. *Recte tu quidem & sapiénter agis. Solent namque amici amicórum bona nimis extóllere. Sed quid isthuc est demùm, quod de nobis audivísti tam incredíbile?*

B. *Scholæ tuæ púeros, qui syllabas adhuc balbútiunt, eásque vix cópulant inter se, latinè tamen intelligere.*

G. *Haud falsum omníno rumòrem audivísti: revera enim intèlligunt nonnúlla.*

B. *Sciunt ne isti vocum inflexiónes & syntàxim?*

G. *Neutram sciunt.*

B. *Quâ igitur arte factum est ut latinè didicerint?*

G. *Eádem scílicet, quà nos didicimus gállicè, quá omnes fermè hòmines, & suam, & peregrinas linguas solent edíscere.*

B. *Haud ignóro linguas edísci solére álios audiéndo, cumque iis colloquéndo. Sed numquam audíveràm, id fíeri posse légendo: & sane interest permúltùm inter légere* chose pour meriter d'estre vûë.

B. Au contraire, Monsieur, elle merite d'estre admirée, si ce qu'on m'en a dit est vray ; mais je vous avouë que je ne le puis croire, à moins que je n'en fasse l'experience, & que je ne voye la chose s'il se peut de mes propres yeux.

G. C'est agir sagement. Car d'ordinaire on releve trop les avantages de ses amis. Mais aprés tout, qu'avez vous entendu dire de nous qui soit si incroyable?

B. J'ai entendu dire que les enfans de vôtre Ecole qui ne font que begayer les syllabes, & qui les assemblent à peine, entendent neanmoins le Latin.

G. Ce bruit là n'est pas tout-à-fait faux, & il est vray qu'ils y entendent quelque chose.

B. Sçavent-ils decliner & conjuguer, sçavent-ils la syntaxe ?

G. Ils ne sçavent ni l'un ni l'autre.

B. Par quelle methode ont ils pû apprendre le Latin?

G. Par la même que nous avons appris le François, & que presque tous les hommes apprennent non seulement leur langue, mais aussi les langues étrangeres.

B. Je sçai bien qu'on a coutume d'apprendre les langues en écoutant les autres, & en s'entretenant avec eux : mais je n'avois jamais oui dire, que cela se pût faire en lisant ; & certes il y a bien de la difference entre lire & s'entretenir. Dans l'entretien on peut dire bien des choses qui servent à éclaircir les mots obscurs : mais il n'en est pas de même dans la lecture.

G. J'avoüe que ce n'est pas l'ordinaire de le faire, mais il ne faut pas douter que cela ne soit possible à qui enseigne bien.

B. Je vous prie, Monsieur, qu'appellez vous bien enseigner ? il n'y a point de Maître d'École, point de Precepteur qui ne croye bien enseigner.

G. Bien enseigner, c'est enseigner de maniere que les enfans ne lisent pas seulement les mots écrits, mais qu'ils entendent aussi le sens des mots, & les choses mêmes qui sont cachées sous l'écorce des mots.

B. Fort bien, car nous ne lisons que pour entendre ce qui est écrit : mais je crains que cette methode ne soit pas tout-à-fait proportionnée à la portée des enfans. Car s'ils ne lisent pas bien encore, s'ils ont de la peine à assembler leurs syllabes, comment les faire entrer dans l'intelligence des choses ? ne concevront-ils pas de l'aversion pour l'étude des lettres, en estant rebutez par la difficulté d'un chemin si escarpé ?

G. Point du tout, ils auront d'autant plus d'amour pour l'étude, qu'ils auront

& colloqui, nam inter colloquendum multa dici possunt, quibus obscurárum vocum significátio clárior fiat ; at idem fíeri nequáquam potest inter legéndum.

G. *Fáteor fíeri solére ; sed mínime dúbium est, quin fíeri possit, si quis sédulò dóceat.*

B. *Dic mihi, amábo, quid vocas sédulò docére ? nullus est enim ludimagister, pædágogus nullus, qui non videátur sibi sédulus esse in docéndo.*

G. *Sédulò docére, est ita docére, ut púeri non legant tantùm scripta vocábula, sed intélligant étiam vocabulórum sensum, resque ipsas vocabulórum involúcris laténtes.*

B. *Rectè sanè, ideo namque légimus ut res scriptas intelligámus : sed véreor, ne isthæc rátio minus sit ad puerórum captum acommodáta. Si enim nondum benè legunt, si ægrè adhuc conjúngunt syllabas, quómodo inducéntur in ipsárum rerum intelléctum ? Nonne viæ tam árduæ asperitáte detérriti, omne litterárum stúdium aversabúntur ?*

G. *Minime aversabúntur ; imo tantò magis amábunt, quantò intélligent mélius.*

B. *Quómodo intélligent nisi priùs bene legant? Nonne illos deducéndos esse censes ad cognitiónem rerum per lectiónem vocabulórum?*

G. *Non semper. Imo sæpe alliciéndi sunt ad legéndum, præmíssa rerum legendárum expositióne.*

B. *Istam méthodum ab áliquo accepisti, an tu ipse invenisti?*

G. *Accépi á némine: sed cum longo docéndi usu observássem, púeros omnes abhorrére à labóre legéndi, litterásque ac syllabas copulándi, eosdem verò delectári rerum ipsárum cognitióne, hàc quasi jánuà, quæ ultro mihi apperiebátur, illos in litterárum stúdium inducéndos esse putávi.*

B. *Atqui méthodus ista est omninò inusitáta, & à ratióne prorsus aliéna vidétur. Nam litterárum stúdium via est quæ ducit ad rerum cognitiónem, tanquam términum, tu verò omíssâ viâ, statim petis términum, à quo deinde redis in viam.*

G. *Ut ut sit de hac comparatióne viæ & términi ad litterárum stúdia, rerúmque cognitiónem; ego sic existimo res ipsas longe esse faciliáres intelléctu, si modo apértè*

d'experience

d'intelligence des choses.

B. Comment bien entendre sans bien lire auparavant ? Ne les conduisez-vous pas à la connoissance des choses par la lecture des mots ?

G. Non pas toûjours. Il arrive au contraire tres-souvent que je les attire à la lecture par l'exposition que je fais auparavant de ce qu'on a à lire.

B. Avez-vous appris cette methode de quelqu'un, ou si vous-même en estes l'auteur?

Je ne l'ai apprise de personne : mais une longue experience m'ayant fait remarquer, que tous les enfans ont de l'aversion pour la peine qu'il y a à lire & à joindre des lettres & des Syllabes, & qu'au contraire ils prennent plaisir à connoître les choses, j'ai cru les devoir faire entrer dans l'etude par cette espece de porte que je trouvois ouverte.

B. Cette methode-là est tout-à-fait extraordinaire, & paroît peu raisonnable. L'etude des lettres n'est que le moyen qui conduit à la connoissance des choses comme à sa fin : & vous sans vous servir du moyen vous passez tout d'un coup à la fin, d'où ensuite vous revenez au moyen.

G. Quoyqu'il en soit de cette comparaison que vous faites du moyen & de la fin, avec l'etude & la connoissance des choses ; pour moy je croy que les choſes mêmes ſont plus faciles à comprendre, ſi on les explique nettement, que ne ſont les arts, dont les Maiſtres ſe ſervent pour les enſeigner.

B. Quels arts dites-vous?

G. Tous les arts, & principalement la Grammaire, la Rhetorique, & les autres Arts Philologiques, qui ont la parole pour objet, & qui conſiſtent moins en choſes qu'en mots: mais ſans tant diſcourir, ſouhaitez-vous en voir une demonſtration par des exemples?

B. Je le ſouhaite tout-à-fait, c'eſt le ſeul motif qui m'a fait venir ici.

G. Entrez donc, s'il vous plaît, dans nôtre Ecole, vous y verrez deux claſſes d'enfans, une de petits, & une autre de plus grands: il y a quelques petits qui apprennent encore les lettres; les autres joignent des ſyllabes & des mots enſemble, & les grands liſent le livre des Evangiles. Dans laquelle des deux claſſes ſouhaitez-vous voir l'experience, dans les petits ou dans les grands?

B. Dans toutes les deux, ſi cela ne vous incommode pas.

G. Rien au contraire ne me peut eſtre plus agreable. Hola enfans, ſoyez bien attentifs à la leçon. Vous allez voir un petit pareſſeux que le ſage enverra à l'ecole de la fourmi: ſçavez-vous ce que c'eſt qu'une fourmi? Dites-moi vous, *exponántur, quam eas artes, quibus illa tradi solent ab ártium magístris.*

B. *Quas artes dicis?*

G. *Omnes dico artes; sed præsértim Grammáticam, Rhetóricam, cæteráſque Philológicas, quæ in sermóne versántur, quæque magis vócibus constant, quam rebus. Sed quid plúribus verbis opus est? Vin' tibi rem exémplis demónstrem?*

B. *Máxime, neque áliam ob causam huc accéssi.*

G. *Ingrédere igitur in hanc scholam ubi cernes binos órdines puerórum, parvulórum scilicet, & grandiórum: parvulórum nonnúlli discunt lítteras, cæteri syllabas & vocábula connéctunt; & grandióres legunt librum Evangeliórum. In utro órdine vis perículum fíeri in párvulis, an in grandióribus?*

B. *In utrísque cénseo, si tibi non est moléstum.*

G. *Imo erit quàm gratíssimum. Heus Púeri, ánimos atténdite ad lectiónem. Jam jam vidébitis púerum pigrum, quem sápiens mittet in scholam formícæ. Scitísne quid sit formica. Dic mihi tu, vidístine unquam formícas?*

PUER. *Vidi sæpe, nec impúne.*

G. *Vbinam vidísti?*

P. *In agris.*

G. *Cujus formæ, cujúsve speciéi sunt formícæ?*

P. *Sunt bestiolæ colóris atri aut fulvi.*

G. *Quos vivéndi mores sequúntur?*

P. *Isthuc néscio.*

G. *Numquámne vidésti formicárum cubília in dumétis & sáltibus?*

P. *Numquam.*

G. *Hoc ígitur audi, imo omnes audíte. In vépribus ac dumétis visúntur magna quædam formicárum cubília, quò tanquam in urbes convéniunt tam frequéntes ut néqueant numerári: eò in commúne cónferunt suas opes, ac per æstátem cóngerunt unde vivant per hyemem, idque labóre tam indeféſſo, nulla ut unquam reperiátur aut otiósa aut pigra. Nunc pigrum hóminem quis defíniet? Dic tu sodes, quem vocas pigrum?*

avez-vous jamais vû des fourmis?

UN ENFANT. Oui, Monſieur, j'en ai vû ſouvent, & j'en ai eſté piqué.

G. Où en avez vous vû?

L'E. J'en ai vû dans les champs.

G. De quelle forme, de quelle eſpece ſont-ils?

L'E. Ce ſont de petites bêtes noires ou rouſſes.

G. Quelle vie menent-ils?

L'E. Je ne ſçai pas leur vie.

G. N'avez-vous jamais vû de fourmilleres dans les buiſſons & dans les bois.

L'E. Non, Monſieur, je n'en ai point vû.

G. Ecoutez donc bien, ecoutez tous. Dans les brouſſailles & dans les buiſſons on voit de grandes fourmilleres, où une multitude innombrable de fourmis s'aſſemblent comme dans des villes : là elles mettent en commun toutes leurs richeſſes, & aſſemblent pendant l'eſté dequoi vivre pendant l'hyver, elles y travaillent avec tant d'aſſiduité, qu'on n'en trouve jamais aucune ni oiſive ni pareſſeuſe. Qui nous dira maintenant ce que c'eſt qu'un pareſſeux? Dites-moi un peu vous, qui appellez-vous un pareſſeux?

AUTRE E. Un pareſſeux c'eſt celuy, qui ne veut pas apprendre, & qui ne veut pas venir à l'Ecole.

G. Cela eſt bien : mais voicy qui eſt mieux. Le pareſſeux eſt celuy, qui ne veut rien faire, qui aime à dormir & qui hait le travail. Liſez maintenant. A qui eſt-ce de commencer?

AUTRE E. C'eſt à moy, Monſieur.

G. He-bien donc commencez.

E. *Vade ad formicam, ô piger, & conſidera vias ejus, & diſce ſapiéntiam.*

G. Le ſuivant.

E. *Quæ cum non hábeat ducem, nec præceptórem, nec principem, parat in æſtáte cibum ſibi, & cóngregat in meſſe quod cómedat.*

G. Qu'un autre recommence toute la leçon.

E. *Vade, &c.*

G. Tâchez maintenant d'entendre ce que vous avez lû : ça écoutez ce que je vas dire. Levez l'oreille. *Vade* ſignifie Va, allez ; *vado*, je vas ; *formicam*, une fourmi ; *piger*, un pareſſeux ; *conſidera*, conſidere ou conſiderez : conſiderer, c'eſt regarder attentivement quelque choſe ; *vias*, les voyes ; *ejus*, d'elle, c'eſt

ALIUS P. *Piger ille est, qui non vult discere, quique fugit scholam.*

G. *Bene, sed hoc mélius. Piger ille est, qui nihil vult ágere, qui somno indúlget & ótio : uno verbo piger ille est, quem piget labóris. Jam légite. Cujus est incípere?*

ALIUS P. *Meum est, præceptor.*

G. *Age ergo, íncipe.*

P. *Vade ad formícam, ô piger, & consídera vias ejus, & disce sapiéntiam.*

G. *Sequens pergat.*

P. *Quæ cum non hábeat ducem, nec præceptórem, nec príncipem, parat in æstáte cibum sibi, & cóngregat in messe quod cómedat.*

G. *Totam lectiónem alter répetat.*

P. *Vade, &c.*

G. *Fácite nunc ut intelligátis quod lectum est. Eia memóriæ mandáte quæ sum dictúrus. Arrígite aures.* Vade *signifie Va, allez;* vado, *je vas;* formícam, *une fourmi;* piger, *un paresseux;* consídera, *considere ou considerez: considerer, c'est regarder attentivement quelque chose;* vias, *les voyes;* ejus, *d'elle, la fourmi. Les voyes, c'est le chemin par où l'on va, la conduite, la maniere de vivre.* Disce, *apprenez, apprens*; disco, *j'apprens*; sapiéntiam, *la sagesse. La sagesse, c'est la science & la pratique de la loy de Dieu, c'est faire de bonnes œuvres, c'est bien employer le temps de la vie.* Ducem, *un guide, un homme qui en conduit un autre qui ne sçait pas son chemin.* præceptórem, *un precepteur: c'est celuy qui enseigne les enfans, comme moy qui suis vôtre precepteur*; príncipem, *un prince, un roy, un maistre.* parat, *elle prepare.* paro, *je prepare*; æstáte, *l'esté, c'est quand il fait chaud, lors qu'on recueille les fruits de la terre*; cibum, *le vivre*; cóngregat, *il amasse*; cóngrego, *j'amasse*: messe, *la moisson, le temps de la recolte quand on coupe les bleds*; cómedat, *il mange*; cómedo, *je mange. Jam ágite, quis vestrûm horum memínerit?*

P. *Ego, si placet.*

G. Vade *quid significat?*

P. Va, allez.

G. *Bene.* Formícam?

P. Une fourmi.

G. *Recte. Dic tu.* Piger?

P. *Piger* signifie un paresseux.

de la fourmi. Les voyes, c'est le chemin par où on va, la conduite, la maniere de vivre; *disce*, apprens, apprenez, *disco*, j'apprens; *sapiéntiam*, la sagesse. La sagesse, c'est la science & la pratique de la loy de Dieu, c'est faire de bonnes œuvres, c'est bien employer le temps de la vie; *ducem*, un guide qui conduit celuy qui ne sçait pas le chemin; *præceptórem*, un Precepteur: c'est celuy qui enseigne les enfans, comme moy je suis votre precepteur; *Príncipem*, un Prince, un Roy, un Maître; *parat*, elle prepare, *æstáte*, l'esté, c'est quand il fait chaud, lorsqu'on recueille les fruits de la terre; *cibum*, le vivre; *cóngregat*, il amasse, *cóngrego*, j'amasse; *messe*, la moisson, le temps de la recolte quand on coupe les bleds. ça dites-moy, qui de vous se souviendra de ce que j'ay dit?

E. Moy, Monsieur, s'il vous plaît.

G. Que signifie *vade*?

E. Va, allez.

G. Fort bien: & *formícam*?

E. Une fourmi.

G. Fort bien. Dites-vous: *piger*?

E. *Piger* signifie un paresseux.

G. C'eſt aſſez : que quelqu'un explique de ſuite toute la leçon.

AUTRE E.* *O piger*, ô pareſſeux ; *vade*, allez, &c.

G. Que le ſuivant repete la même choſe.

E. *O piger*, &c.

G. Entendez-vous bien vôtre leçon ?

E. Je crois que je l'entens.

G. Où envoye-t-on le pareſſeux ?

E. A l'ecole de la fourmi.

G. Où eſt-elle cette ecole ?.... Qui eſt-ce qui vous arreſte ? Eſt-ce que ce n'eſt pas une veritable ecole ? où demeurent les fourmis ?

E. Dans leurs fourmilleres, dans les buiſſons.

G. L'ecole des fourmis eſt donc dans les buiſſons ? Mais pourquoi y envoye-t-on le pareſſeux ?

E. C'eſt pour y apprendre la ſageſſe.

G. Qu'enſeigne la fourmi ? eſt-ce qu'elle parle à ſes ecoliers ?

E. Les beſtes ne parlent pas.

G. Comment donc le pareſſeux apprendra-t-il la ſageſſe à l'ecole de la fourmi ?

G. *Jam satis est : aliquis interpretétur continénter totam lectiónem.*
ALIUS P. *O piger,* ô pareſſeux ; *vade*, allez, *&c.*
G. *Sequens idem répetat.*
P. *O Piger*, *&c.*
G. *Tune intélligis lectiónem?*
P. *Mihi videor intelligere.*
G. *Quò mittitur piger?*
P. *In scholam formícæ.*
G. *Vbi est illa schola? .... Quid hæres? an non est vera schola? ubi manent formícæ?*

P. *In suis cubílibus, in dumétis.*
G. *Igitur schola formicarum est in saltibus. Sed cur illuc mittitur piger?*

P. *Vt illic discat sapiéntiam.*
G. *Quid docet formica? Numquid illa suos alloquitur discípulos?*
P. *Bestiæ non loquúntur.*
G. *Quómodo igitur piger discet sapiéntiam in schola formícæ?*

P. *Considerándo vias ejus.*

G. *Quid isthuc sibi vult? Quænam sunt viæ formicæ? Num diligéntia? Num sedúlitas in operándo?*

P. *Isthuc ipsum. Nam formícæ indesinénter operántur per æstátem.*

G. *Quid igitur díscere debet piger?*

P. *Imitári formicas, quæ per æstátem cóngregant undè vescéntur per hyemem.*

G. *Numquid licet hómini pigro totâ hyéme nihil ágere, dúmmodo per æstátem fúerit operátus?*

P. *Quidni licéret? Talis est mos formicárum. Illæ namque per hyemem quiéscunt.*

G. *Rem nondum bene intélligis. Tu vero quid censes? Taces? Nemon' respondébit? nemo? ítáque ad hæc ánimos atténdite. Hóminis æstas aut messis est ejus adolescéntia, aut etiam tota hæc vita. Hyems hóminis est ejus senéctus, aut vita futúra. Operári, est bene ágere & díscere, quæ ad vitam ætérnam sunt profutúra. Quod cum totâ vitâ fíeri opórteat, nullâ anni tempestáte cessáre licet, ne per hyemem quidem. Qui nondum*

E. C'eſt en conſiderant ſes voyes.

G. Que voulez-vous dire, en conſiderant ſes voyes ? Quelles ſont les voyes de la fourmi ? Eſt-ce la diligence, eſt-ce l'aſſiduité au travail ?

E. C'eſt l'aſſiduité au travail que les fourmis n'interrompent jamais pendant tout l'eſté.

G. Que doit donc apprendre le pareſſeux ?

E. Il doit apprendre à imiter les fourmis, qui amaſſent pendant l'eſté dequoy vivre pendant l'hyver.

G. Eſt-ce qu'à l'imitation des fourmis on peut eſtre à rien faire pendant l'hyver, quand on a travaillé pendant l'eſté ?

E. Pourquoy non ? puiſque c'eſt l'ordinaire des fourmis de ſe repoſer ainſi pendant l'hyver.

G. Vous ne comprenez pas bien encore. Et vous, qu'en penſez-vous ? Vous ne dites mot ? Perſonne ne répondra-t-il ? Quoi perſonne ! Ecoutez donc bien ce que je vas dire. L'eſté ou la moiſſon de l'homme, c'eſt ſa jeuneſſe, ou même toute cette vie. L'hyver de l'homme, c'eſt la vieilleſſe, ou la vie future. Travailler, c'eſt faire de bonnes œuvres & apprendre ce qui doit ſervir à acquerir la vie future; & comme c'eſt un devoir de toute la vie, il n'y a aucune ſaiſon de l'année où il ſoit permis de ne rien faire, pas même en hyver. Que chacun de ceux qui n'ont pas encore lû, liſe toute la leçon diſtinctement, c'eſt-à-dire en obſervant les accens & les poſes marquées par les virgules & les points.

E. *Vade*, &c.

E. *Vade*, &c.

G. Le but de la leçon qui le dira en un mot?

E. Moy, s'il vous plaît, Monſieur.

G. He-bien, quel eſt-il? qu'enſeigne cette leçon?

E. Que la fourmi fait ſa proviſion pendant l'eſté.

G. Et vous, qu'en penſez-vous? a-t-il bien dit?

AUTRE E. Pas tout-à-fait.

G. Dites donc mieux. Qu'enſeigne cette leçon?

E. Elle commande au pareſſeux d'aller à l'ecole de la fourmi pour y apprendre la ſageſſe.

G. N'y a-t-il que cela?

E. Et d'amaſſer pendant l'eſté de quoy vivre pendant l'hyver.

legérunt, singuli totam lectiónem legant distínctè, hoc est cum inflexióne accéntuum, servátisque virgulárum ac punctórum notis.

P. *Vade ad formícam, &c.*
P. *Vade ad formícam, &c.*
G *Ecquis nunc uno verbo indicábit scopum hujusce lectiónis?*
P. *Ego, præcéptor, si tibi placet.*
G. *Age ergo, quid docet hæc léctio?*
P. *Docet formícam sibi paráre cibum per æstátem.*
G. *Tu vero quid sentis? recte ne ille dixit?*
ALIUS P. *Minus rectè.*
G. *Dic igitur réctius. Quidnam docet hæc léctio?*
P. *In ea piger jubétur ire in scholam formícæ sapiéntiæ discéndæ causa?*

G. *Tantum ne isthuc?*
P. *Et paráre per æstátem, quod cómedat per hyemem.*

G. *Euge rectè, nihil súpereſt ámplius, niſi ut, ſi qui ſciunt memòriter lectiònem, illam récitent clarè & ſciénter.*

P. *Vade &c.*

P. *Vade &c.*

B. *Tune illam lectiònem déderas ediſcèndam!*

G. *Nequáquam. Sed qui tántulum valent memòriâ, non poſſunt non meminiſſe poſt tot exercitatiònes. Habes ómnia artis noſtræ arcána.*

B. *Meminiſſe ſtudébo. Sed véreor, ne iſthæc via lòngior ſit, ne vè púeri tam pauca legéntes parum profíciant in legéndi ſciéntia.*

G. *Non eſt, quod vereàris. Pauca légimus quidem, ſed conámur, ut bene. Neque deſunt ratiònes, quibus iſtum tuum metum diſcútiam, ſed non vacat nunc reférre. Hoc tantum áio, hanc noſtram ratiònem plùs promovère, quam poteſt dici. Quod mecum fatéri, imò & prædicàre cogéris; ubi audíeris lectiònem grandiòrum, quorum pleríque ab anno dúntaxat légere cepérunt. Vos, púeri, legìte, præſtate, quod pollíceor. Incipe tu prior Antòni.*

G. Bon,

G. Bon, cela eſt bien. Il ne reſte plus que de bien reciter la leçon par cœur, s'il y a quelqu'un qui la ſache.

E. *Vade*, &c

E. *Vade*, &c.

B. Leur aviez-vous donné cette leçon à apprendre?

G. Point du tout. Mais quand on a tant ſoit peu de memoire, il eſt impoſſible de ne s'en pas ſouvenir aprés tant d'exercices. Voila tout nos ſecrets.

B. Je tâcherai de m'en ſouvenir; j'ai neanmoins peur que cette methode ne ſoit trop longue, & que les enfans en liſant ſi peu ne faſſent pas de grands progrés dans la lecture.

G. Vous n'avez que faire d'avoir peur. Nous liſons peu à la verité, mais nous tâchons de bien lire. Nous ne manquons pas de raiſons capables de diſſiper vôtre peur; mais je n'ai pas le temps de les rapporter preſentement. Je dis ſeulement que par cette maniere de lire on fait plus de progrés qu'on ne ſçauroit dire; & je veux que vous en tombiez d'acord, & même que vous le publiïez, lorſque vous aurez entendu la leçon des grands, dont la pluſpart ne commencent à lire que depuis un an. Allons, enfans, liſez, & degagez ma parole. Commencez le premier, Antoine.

GRANDIOR P. *Pro Dominica Quinquagésimæ.*

Sequéntia sancti Evangélii secúndum Lucam.

In illo témpore, assúmpsit Jesus duódecim discípulos suos, & ait illis: Ecce ascéndimus Jerosólymam, & consummabúntur ómnia, quæ scripta sunt per prophétas de Filio hóminis.

Tradétur autem géntibus, & illudétur, & flagellábitur, & conspuétur, & postquam flagelláverint, occídent eum, & tértia die resúrget.

Et ipsi nihil horum intellexérunt; erat autem verbum istud abscónditum ab eis; & non intelligébant quæ dicebántur.

Factum est autem cum appropinquáret Jéricho, cæcus quidam sedébat secus viam mendícans.

Et cum audíret turbam prætereúntem, interrogábat quid hoc esset. Dixérunt autem ei, quod Jesus Nazarénus transíret.

Et clamávit, dicens: Jesu Fili David, miserére mei.

Et qui præíbant, increpábant eum ut tacéret. Ipse vero multo magis clamábat: Fili David, miserére mei.

Stans autem Jesus, jussit illum addúci ad se; & cum appropinquásset, interrogávit illum, dicens: quid tibi vis fáciam?

At ille dixit: Dómine, ut videam. Et dixit Jesus: Réspice, fides tua te salvum fecit.

Et conféstim vidit, & sequebátur illum magníficans Deum. Et omnis plebs ut vidit, dedit laudem Deo.

G. *Eia quid censes de illa lectióne? parum ne hic puer profécit in sciéntia legendi?*

B. *Imo plúrimum. Quid enim? Ita legit, ut ipse videátur intelligere, fácitque ut álii audiéntes intélligant.*

G. *Atqui non est mirum. revérà enim intélligit.*

B. *Quid? Etiam ántequam fúeris interpretátus?*

G. *Etiam ántequam fúero interpretátus. Nisi forte occúrrunt vocábula quædam minus usitáta, quorum significatiónen, ipse rogábit ultrò. Sed hic nihil ad istum, qui sedet in scamni princípio. Velim illum áudias.*

ALIUS P. Sequéntia Sancti Evangélii, &c.

B. *Mélius légere potest nemo. Nec dúbium est quin intélligat. Juvat tamen*

G. He-bien que penſez-vous de cette leçon-là ? Trouvez-vous que cet enfant ait ſi peu profité dans la ſcience de lire ?

B. Je trouve au contraire qu'il y a beaucoup profité. Car, quoy ? Il ſemble à l'entendre lire qu'il entende ce qu'il lit ; il ſe fait même entendre de ceux qui l'écoutent.

G. Ce n'eſt pas merveille qu'il liſe ainſi ; c'eſt qu'en effet il comprend ce qu'il lit.

B. Quoy ? Il comprend même avant que vous ayez expliqué ?

G. Ouy, même avant que j'aye expliqué, à moins qu'il ne ſe rencontre par hazard quelques mots extraordinaires, dont il demandera de luy-même la ſignification. Mais ce n'eſt rien en comparaiſon de cet autre qui eſt au bout du banc. Je vous prie de l'écouter.

P. *Sequéntia ſanĉti Evangélii, &c.*

B. L'on ne peut pas mieux lire. Je ne doute point qu'il n'entende bien. Ecoutons neanmoins ſon explication.

G. Liſez toute la leçon de ſuite, & que chacun ait ſoin de demander la ſignification des mots qu'il n'entendra pas.

E. *Aſſumpſit Jeſus*, *&c.*

AUTRE E. Que ſignifie *Illudétur?*

G. Il ſera moqué.

E. *Conſpuétur?*

G. Il ſera craché, on crachera ſur luy.

E. *Abſcónditum?*

G. Caché.

E. *Increpábant?*

G. Ils reprenoient. Commencez maintenant, & que chacun explique ſon verſet.

E. E. E. *Sequéntia ſancti Evangelii*, Suite du Saint Evangile, &c.

G. Puiſque nous n'avons pas le temps preſentement d'expliquer la leçon dans un grand détail, comme nous avons coutume de faire, que quelqu'un en faſſe *audire interpretatiónem.*

G. *Légito tu continénter totam lectiónem : & quæ quisque ignorábit vocábula, horum memínerit rogáre significatiónem.*

P. Assúmpsit Jesus, &c.

ALIUS P. *Quid significat*, illudétur?

G. *Il sera moqué.*

P. Conspuétur?

G. *Il sera craché, on crachera sur luy.*

P. Abscónditum?

G. *Caché.*

P. Increpábant?

G. *Ils reprenoient.* De increpo, *je reprens. Incípite jam, & suum quisque interpretétur versículum.*

P. P. P. *Sequéntia sancti Evangélii*, Suite du saint Evangile; *secúndum Lucam*, selon saint Luc, *&c.*

G. *Quando per tempus nunc non licet lectiónem hanc sigillátim, ut solémus, explicáre; illam saltem nobis áliquis réferat summátim, priúsquam vos missos faciamus.*

Dic nobis, Albine : hoc Evangélio quid continétur ?

P. *Christus Dóminus suis prædicit discípulis suam, & passiónem & resurrectiónem; idémque próximus urbi Jéricho, visum restítuit cæco clamánti : Jesu Fili David, miserere mei.*

G. *Estne tibi à nobis satisfáctum ?*

B. *Satis, & plusquam satis. Tanto progréssu ita sum attónitus, vix ut meis credam óculis, mihíque vídear somniáre. Vos, púeri, valéte, & de tali institutióne, Deo grátias ágite. Ubi primum licébit mihi per ótium, huc revértar, non sine munéribus, quibus digni éstis.*

FINIS.

au moins un abregé avant de vous congedier. Albin, dites-nous un peu ; que contient cet Evangile ?

E. Nôtre Seigneur Jesus-Christ predit à ses disciples sa passion & sa resurrection ; & étant prés de Jericho il rend la vûë à un aveugle qui luy faisoit cette priere, en criant de toute sa force : Jesus fils de David, ayez pitié de moy.

G. He-bien, estes-vous content de nous ?

B. J'en suis trop content, Monsieur ; & je suis si étonné de ce progrés, que j'ai de la peine à croire ce que je vois. Je m'imagine que c'est un songe. Adieu, enfans, adieu. Remerciez bien nôtre Seigneur de la grace qu'il vous fait de vous procurer une si bonne éducation. Je vous reviendrai voir à la premiere commodité, & j'aurai de quoi reconnoître vôtre merite.

FIN.

APPROBATION.

J'AY lû par ordre de Monseigneur le Chancelier, un Manuscrit intitulé *Tables Alphabetiques. &c.* Il seroit à souhaiter que ceux qui sont chargez de l'instruction des Enfans, voulussent bien suivre la methode que l'Auteur prescrit pour montrer à lire. L'experience a déja fait voir qu'elle est excellente. A Paris ce premier jour d'Aoust 1704. POUCHARD.

PRIVILEGE DU ROY.

LOUIS par la grace de Dieu Roy de France & de Navarre: A nos amez & feaux Conseillers les Gens tenans nos Cours de Parlement, Maîtres des Requestes Ordinaires de nôtre Hôtel, Grand Conseil, Prevost de Paris, Baillifs, Senéchaux, leurs Lieutenans Civils, & autres nos Justiciers qu'il appartiendra;

SALUT. Le Sieur L. F. D. B. Nous ayant fait ſupplier de luy accorder nos Lettres de Permiſſion pour l'impreſſion d'un Ouvrage de ſa compoſition, intitulé *Tables Alphabetiques, ou Methode pour faire entendre aux Enfans le ſens de ce qu'on lit, tant en Latin qu'en François, dans le méme temps qu'on leur montre a lire* : Nous avons permis & permettons par ces Preſentes audit Sieur L. F. de faire imprimer ledit Livre, en telle forme, marge, caractere & autant de fois que bon luy ſemblera, & de le faire vendre & debiter par tout nôtre Royaume pendant le temps de quatre années conſecutives, à compter du jour de la date des Preſentes. Faiſons défenſes à tous Libraires, Imprimeurs, & à toutes perſonnes de quelque qualité & condition qu'elles ſoient, d'en introduire d'impreſſion étrangere dans aucun lieu de nôtre obeïſſance ; A la charge que ces Preſentes ſeront enregiſtrées tout au long ſur le Regiſtre de la Communauté des Imprimeurs & Libraires de Paris, & ce dans trois mois de la date d'icelles ; que l'impreſſion dudit Livre ſera faite dans nôtre Royaume & non ailleurs, & ce en bon papier & en beaux caracteres, conformement aux Reglemens de la Librairie ; & qu'avant que de l'expoſer en vente il en ſera mis deux Exemplaires dans nôtre Bibliotheque publique, un dans celle de nôtre Château du Louvre, & un dans celle de nôtre tres-cher & feal Chevalier Chancelier de France le Sieur Phelypeaux Comte de Pontchartrain, Commandeur de nos Ordres, à peine de nullité des Presentes; du contenu desquelles vous mandons & enjoignons de faire joüir l'Exposant ou ses ayans cause pleinement & paisiblement, sans souffrir qu'il leur soit fait aucun trouble ou empêchement. Voulons qu'à la Copie desdites Presentes qui sera imprimée au commencement ou à la fin dudit Livre, foy soit ajoûtée comme à l'Original. Commandons au premier nôtre Huissier ou Sergent de faire pour l'execution d'icelles tous Actes requis & necessaires, sans autre permission, & nonobstant Clameur de Haro, Chartre Normande & Lettres à ce contraires: CAR tel est nôtre plaisir. DONNE' à Versailles le troisiéme jour d'Aoust l'an de Grace mil sept cens quatre, & de nôtre Regne le soixante-deuxiéme. Signé, Par le Roy en son Conseil, LE COMTE. Et scellé du grand Sceau de cire jaune.

Registré sur le Livre de la Communauté des Libraires & Imprimeurs, page 363. *N°.* 258. *conformément aux Reglemens, & notamment à l'Arrest du* 13. *Aoust* 1703. *A Paris ce deuxiéme Octobre* 1704. Signé, P. EMERY Syndic.

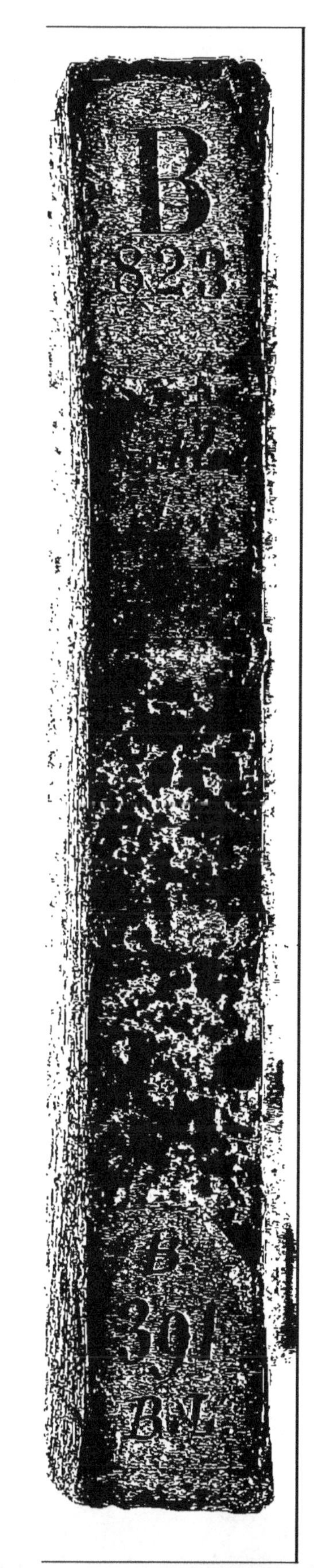
B
823

www.ingramcontent.com/pod-product-compliance
Lightning Source LLC
Chambersburg PA
CBHW072103080426
42733CB00010B/2198

* 9 7 8 2 0 1 3 7 2 5 5 3 8 *